AsianDiver 潜物志

亚洲潜水者

新加坡亚洲地理杂志◎编

谭紫萦　张嫒嫒◎译

WRECKS OF ASIA

沉　船

北京科学技术出版社

著作权合同登记号　图字：01-2021-2056

图书在版编目（CIP）数据

亚洲潜水者 . 沉船 / 新加坡亚洲地理杂志编；谭紫萦，张媛媛译. — 北京：北京科学技术出版社，2021.6

书名原文：Asian Diver

ISBN 978-7-5714-1445-0

Ⅰ. ①亚…　Ⅱ. ①新…　②谭…　③张…　Ⅲ. ①潜水运动　Ⅳ. ① G861.5

中国版本图书馆 CIP 数据核字（2021）第 078662 号

策划编辑：邢铮铮
责任编辑：付改兰
责任校对：贾　荣
图文制作：天露霖文化
责任印制：张　良
出 版 人：曾庆宇
出版发行：北京科学技术出版社
社　　址：北京西直门南大街 16 号
邮政编码：100035
电　　话：0086-10-66135495（总编室）　　0086-10-66113227（发行部）
网　　址：www.bkydw.cn
印　　刷：北京宝隆世纪印刷有限公司
开　　本：889 mm × 1194 mm　1/16
字　　数：162 千字
印　　张：7
版　　次：2021 年 6 月第 1 版
印　　次：2021 年 6 月第 1 次印刷
ISBN 978-7-5714-1445-0

定　　价：49.00 元

编辑寄语

我被沉船迷住了。废弃的船只成了很多海洋生物（如鱼类和植物）的家园。生与死的交融是神秘的，甚至是虔诚的。探索沉船时我内心安宁、平和，就像走进了一座教堂。

雅克－伊夫·库斯托

沉船是神秘的、令人敬畏的，有时也是危险的。水下沉船数量众多，据估计约有 300 万艘。对大多数人而言，这些隐藏于波浪之下的珍宝难得一见。

亚洲水域作为第二次世界大战的交战热点，水下有不计其数的沉船等待着被探索。有些沉船具有重要的历史意义，有些则是为了建造人工珊瑚礁而沉没的。无论这些船因何沉没，它们都已成为海洋生物的家园，在一切烟消云散后孕育着新生命。

如今，沉船所在地的宁静却被非法捕捞行为破坏

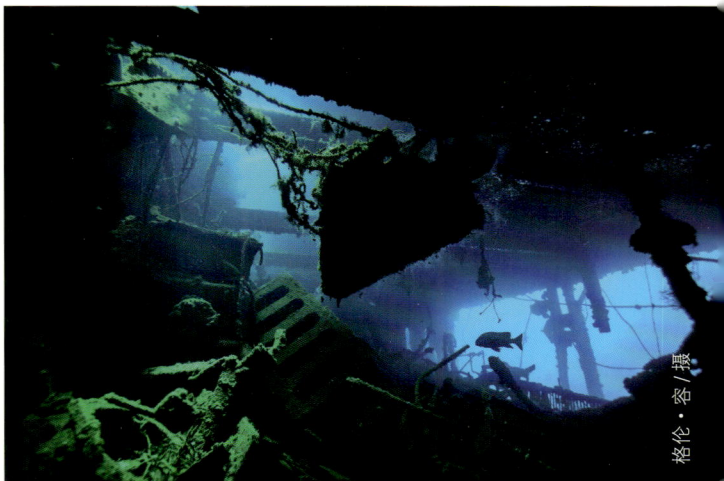

格伦·客／摄

了，人类又一次毁坏了大自然创造的景观。或许，这些沉船从未被发现反而更好？

编辑
贾宁·洛，施里亚·阿查里雅

目 录

走近沉船	2
亚洲的人工珊瑚礁	4
从沉船到珊瑚礁	8
亚太地区十大沉船	10
沉船摄影指南	20
不走寻常路	24
沉船荟萃	28
船舶术语	41
过去的战争	42
沉船潜水的专业装备	50
为沉船潜水做好准备	54
东南亚最佳潜水目的地	56
黄金潜水胜地	74
认识海洋哺乳动物	79
海洋专家布雷特·吉利姆专访	88
DAN 一直在你身边	100
高海拔潜水	101
潜水后的不确定情形	104
接受急救继续教育培训	108

走近沉船

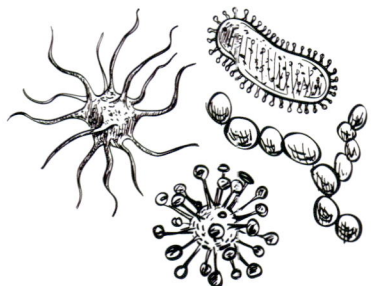

有些科学家认为，由于吃铁细菌泰坦尼克盐单胞菌（*Halomonas titannicae*）的吞噬，泰坦尼克号或将在 2030 年永远消失。

据估计，全世界最富有的圣荷西号（San Jose）沉没时船上珍宝的价值高达 130 亿美元。

据联合国教科文组织估计，水下约有 300 万艘沉船，其中大部分尚未被发现。

据估计，要想发掘所有的海中沉船，将耗时 400 年以上。

人类可以在海底发现价值达 **600 亿美元**的宝藏。

沉没于海底的奥里斯卡尼号航空母舰（USS Oriskany）长 270 米，宽 40 米，是全世界最大的人工珊瑚礁。

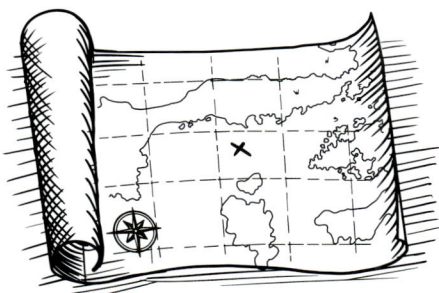

已发现的最古老的沉船有 **4000 年历史**，位于土耳其马尔马里斯海岸的希萨罗努湾（Hisarönü Gulf）。

《流言终结者》（*MythBusters*）的一集节目展示了一项实验，实验结果是：让一艘重 1500 千克的沉船浮起来需要 **27000 个乒乓球**。

一些潜水者在沉没于瑞典东南海岸的克伦纳号（Kronan）上发现了 **340 年前**的奶酪。

迄今发现的最深的沉船里奥格兰德号（Rio Grande）位于水下 **5762 米**处。

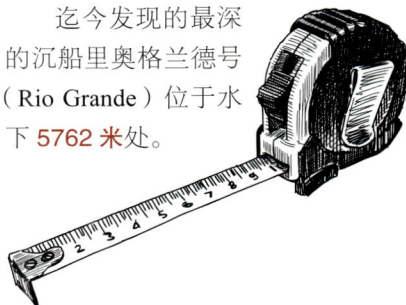

3

亚洲的人工珊瑚礁

一起来看看亚洲一些在沉船的基础上形成的人工珊瑚礁吧。

马来西亚浅海中趴在瓶子上的一只橙色海星

马路德·米斯特里 摄

克莱德卡尤号沉船

亚历克斯·蒂雷尔 / 文

在泰国小皮皮岛东海岸附近水下 27 米处，躺着克莱德卡尤号（HTMS Kledkaeo）。这艘船从泰国皇家海军退役后，于 2014 年被沉入菲利湾（PhiLey Bay）与维京湾之间，以打造一个新潜点。在短短几年的时间里，这艘沉船已成为吸引海洋生物的"磁铁"，在此安家的有鲷鱼和海蛞蝓，还有雀鲷、鲀鱼、石斑鱼、鲹鱼、篮子鱼、天使鱼、蝴蝶鱼等珊瑚礁鱼类。幸运的话，你可能会见到努力与生锈的船体融为一体的躄鱼，或者在船体下的沙地上休憩的护士鲨。

一大群鲷鱼在克莱德卡尤号沉船附近游动

一条魟鱼在伦纳德·梅森号沉船下休憩

伦纳德·梅森号沉船

汤米·科科拉 / 文

中国台湾的绿岛是著名的潜水胜地，这里生机盎然，海洋小生物忙忙碌碌，热带珊瑚礁美丽非凡。这里的海水通常很温暖，水流也很平缓，能见度在 30 米以上。奇怪的是，躺在水下 40 米处的伦纳德·梅森号驱逐舰（USS Leonard F. Mason）附近常有强流且很少有人到访。为打造人工珊瑚礁，这艘驱逐舰于 2003 年被沉入海里，如今它已成为许多魟鱼、鲷鱼和杰克鱼的家园。

5

库布沉船

库布沉船（Kubu Wreck）是印度尼西亚政府于 2012 年为促进珊瑚生长而沉没的一艘退役的巡逻船，位于距离图蓝本仅几千米的库布村附近。沉船目前保存完好，最深的地方位于水下约 33 米处。沉船附近有一些游泳洞，沉船上有一些适合拍照的物体，譬如一座雕像和一辆老式汽车。

马维·拉希姆/摄

库布沉船上的雕像

汤米·科科拉/摄

菲律宾长滩岛卡米尔沉船的引擎室里生机勃勃

卡米尔沉船

汤米·科科拉/文

尽管不是著名的潜水胜地，但在菲律宾长滩岛，有些潜点是非常值得探索的，卡米尔沉船（Camia Wreck）所在地便是其中之一。为了打造人工珊瑚礁，也为了潜水船能方便快捷地到达，这艘船于 2001 年被沉入靠近海滩的海域。20 年的水下时光已将卡米尔沉船变成了一座美丽的人工珊瑚礁。沉船直立于水底平坦的珊瑚礁上，船体上点缀着软珊瑚，成群的鱼在此栖息。我最喜欢的是引擎室，它有两个口，有利于充足的光线进入，内部空间也较大，有经验的潜水者可以安全进出。沉船最深的地方位于水下 25 米处，在一年中某些特定的时间，这里会有强流。

每月，全球最具影响力的行业领军人物、意见领袖、演讲嘉宾以及业内知名厂商代表在线上与大家分享最新行业信息，进行精彩演讲，参与研讨会直播，并通过播客与大家进行小组讨论。

让我们一起参与，寓学于乐！

全 球 首 场 数 字 潜 水 展

ADEX pixel 线上博览会

24 小时不间断
线 上 交 流，共 享 信 息
同 一 个 行 业　同 一 片 海 洋　同 一 座 家 园

欢迎参加 ADEX PIXEL 线上博览会！

ADEX PIXEL 线上博览会（APE）联合全球潜水行业，共同促进蓝色经济领域的产业合作，
汇集非政府组织、非营利组织、行业领军人物和企业，以及相关领域的演讲嘉宾和参展商，
必将吸引众多观众参与。APE 还提供播客服务，
组织线上研讨会，打造广阔的交易平台和专业论坛，
并通过大容量图片库向观众展示世界各地摄影师拍摄的数千件精彩的水下摄影作品……
更多令人兴奋的元素，敬请期待。足不出户，即可参与！

ADEX PIXEL 线上博览会现招募线
上参展商，欢迎品牌商预定展区，
尽情展示品牌魅力！

- OCEAN360 版块（黄金 7 天）
- SCUBA360 版块（7 天）
- PIXEL360 版块（5 天）
  周一至周五
- 全球版块（3 天）
  周一、周三、周五

乌密德·米斯特里/摄

庙宇珊瑚礁（Temple Reef）上的汽车残骸，概念设计及制作出自罗布·帕特里奇

从沉船到珊瑚礁

因为人类响应了拯救海洋的号召，也因为海洋接受了人类的馈赠，于是沉船变成了海洋生物的家园，这是人类与海洋和谐共处的体现。

塔斯尼姆·卡恩/文

塔斯尼姆·卡恩/摄

一位潜水者游过位于斯里兰卡拉维尼亚山附近海域的沉船温泉关号（Themopylae Sierra）的驾驶室

船不愧是人类创造的一大工程奇迹。它是一种创新，是对物理学的应用，涉及建筑、历史、地理、贸易和迁徙等方面的知识。每艘船都有故事，那些在结束了多年航行任务后沉没的船仍然收集着故事、承载着生命。在穿越海洋并见证了水面上的一切后，这些船又在海底见证了海洋的发展和变化。和汇入海洋的所有东西一样，它们成了海洋的一部分，与海洋互动，受海洋影响。

永远充满活力的海洋有魔术般神奇的力量，它将沉入海底的东西变戏法般变成了海洋生物的栖息地。几个世纪以来，人类一直在利用海洋的神奇力量。在鱼类稀少和非法捕捞严重的地方，人类用沉船和其他物体来打造和优化鱼类栖息地。就像珊瑚礁一样，沉船的硬质表面为管虫、牡蛎、扇贝、螺和海鞘等不能在泥沙质海底生活的生物提供了对它们的生存至关重要的基质。

沉船是海洋生物的新栖息地，各种各样的生物群落生活在沉船上。首先来沉船上安家的生物通常是藻类和海洋动物的幼体。随着时间的推移，沉船会形成与附近的、有时甚至有些遥远的天然珊瑚礁相似的生态系统。在珊瑚礁生态系统演变、浮游生物迁移以及人工珊瑚礁建造的可能性方面，这些浸没在水下的沉船为我们提供了大量信息。

如果你有机会去探索一艘新近沉没的船并在此后定期到访，你将大开眼界——你可以观察海洋生物迅速占领沉船的过程，思考这一侵蚀与保护并存的过程是如何发生的。

人类利用沉船打造人工珊瑚礁和迷人潜点的例子不胜枚举，同时沉船也是理想的研究场所。海洋生物学家可以研究不同海底基质对沉船的影响，观察它们随时间推移发生的变化，甚至可以对特定物种或群落展开实验。这有助于我们加深对海洋中各种生态过程的理解，知道如何才能让因自然或人为因素受损的天然珊瑚礁恢复。有关海洋生物的适应性、自我恢复、迁移和变异的知识都值得我们学习，有助于我们理解关于生存的种种问题：生命的起源、海洋的未来、生物医学的发展潜力等。

沉船，特别是沉没的木船，为我们探索海洋无脊椎动物提供了一个全新的世界。所有沉入海里的木头都成了各种海洋生物的家园。研究显示，木船上形成的海洋生物群落甚至可能因木头种类的不同而不同。像白蚁一样，一种以木头为食的蛤蜊常常是最先来安家的生物，它们借助于特别的细菌来消化木纤维，其排泄物中蕴含的能量可以成为其他生物的能量源。这些蛤蜊在穿凿和蛀食木头时打造出了可供其他生物栖身的迷宫般的管道和孔洞。

在我们惊叹于沉船成为人工珊瑚礁的多种可能性的同时，也必须认识到沉船可能带来负面效应，尤其是那些因意外事故、疏忽或计划不周所造成的负面效应。

塔斯尼姆·卡恩 / 摄

联合国教科文组织出台了一些措施，以加强对有人类活动痕迹的遗址和环境的保护。但除非一艘船在沉入水中作为人工珊瑚礁之前被完全清理干净，否则几乎可以肯定的是，总会有燃料一同进入水中。燃料并非海洋生物多样性的唯一威胁。装载弹药的战舰经过经年累月的腐蚀，很有可能泄漏有毒物质。有些物质，譬如汞，是不能被生物降解的，会使我们的食物链受到污染。沉船上还有含锌涂料、防污涂料和危险货物，甚至可能有核废料，这些都是我们需要关注并考虑的问题。

除沉船潜水、海洋环境保护及其他有关讨论之外，每艘沉船还可被视为时代性、变革性和跨学科研究的载体。譬如，在艺术领域，我们可将沉船视为一件沉没于水下的雕刻作品，一件由人类和海洋共同创造的开放式艺术品，观察它在自然力量下的转变。又如，在化学领域，我们可将沉船视为研究场所，探究发生在水、盐、营养物质、生物以及水下物料之间令人着迷的反应。

就像大多数海洋之谜一样，沉船隐藏于谜一样的海水之中，其未知性吸引着各个领域的探索者。

塔斯尼姆·卡恩 不仅是生物学家，也是教育家、摄影师、潜水员和航海者，她对大自然有着近乎痴迷的热爱。过去十多年里，她致力于生态、保育、教育以及科学宣传等领域的跨学科活动。她对我们生活的世界所蕴含的知识充满了热情，她的好奇心促使她不断提升动物学专业素养、不断积累实地研究管理经验并不断实践和发展"沉浸式实地学习"教学法。作为地球合作实验室（EARTH CoLab）的联合创始人，她最喜欢做的事是潜入水中或行走于沼泽中。

亚太地区十大沉船

一起来看看亚太地区著名的十大沉船吧。（排名不分先后）

❶ 哈迪普号

潜点位置：泰国芭提雅。

潜点深度：水下 26 米。

潜水经验等级：适合高级潜水者。

　　哈迪普号（Hardeep）也被称为苏达迪普号（SS Suddhadib），是全世界最危险的沉船之一。它在第二次世界大战时为日本运送货物，于 1941 年沉没于泰国芭提雅。沉船所在地强劲的水流使得探索这艘沉船颇具挑战性，但若选对时机，这里也是亚洲令人激动的沉船潜点之一。

　　沉船保存较为完好，潜水者能穿越整艘船。整艘船右舷朝下侧躺在水下 26 米处，船体上覆盖着珊瑚和小生物。侧舷窗形成了一个拱顶，潜水者进入宽阔开放的船体并游到侧舷窗下方时，可以看到从侧舷窗照进来的大量光线，这些光线营造出了一种神秘的气氛。

哈迪普号沉船 3D 图，
以及船的原型与沉船
的对比

©ReefSmartGuides

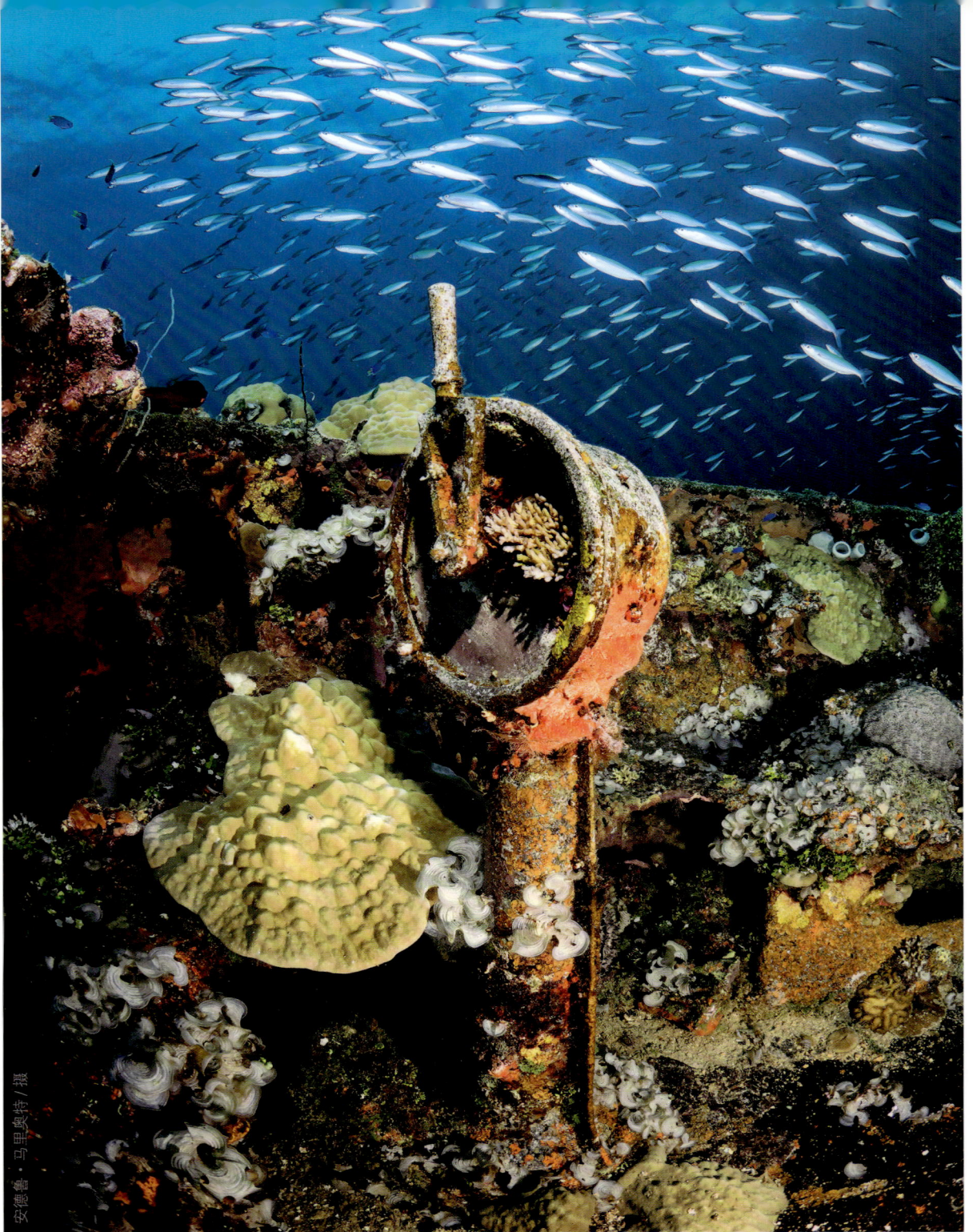

安德鲁·马里奥特/摄

❷ 富士川丸号

潜点位置: 特鲁克群岛。

潜点深度: 水下 9~34 米。

潜水经验等级: 适合各级别潜水者。

在特鲁克潟湖的所有沉船中，富士川丸号（Fujikawa Maru）被潜水者视为最美的沉船。船体上覆盖着绚丽的软珊瑚和硬珊瑚，船内装载着大量战时的军需物资，譬如防毒面具、弹药、三菱飞机机翼和零式战斗机的螺旋桨叶等。尽管引擎室已部分坍塌，但它依然是该沉船的一大亮点。

❸ 纽约号

潜点位置：菲律宾苏比克湾。
潜点深度：水下 18~28 米。
潜水经验等级：适合高级潜水者。

菲律宾热门沉船之一是美国海军纽约号（USS New York），这艘沉船以其巨大的主炮塔、主炮和螺旋桨而闻名。这艘 117 米长的船是在苏比克湾发现的大型沉船之一，探索整艘船至少需两潜。只有技术潜水员才能完整地穿越这艘沉船，高级潜水者和具有沉船潜水资质的潜水者可进行有限穿越。

安德鲁·马里奥特/摄

©Shutterstock

④ 自由号

潜点位置: 印度尼西亚图蓝本。
潜点深度: 水下 5~28 米。
潜水经验等级: 适合各级别潜水者。

　　在 1942 年 6 月的最后一次航行中, 自由号 (USAT Liberty) 在穿越龙目海峡时被一艘日本潜水艇的两枚鱼雷击中。此后它一直躺在海滩上,直至 1963 年的一场地震使它沉入海中, 但它距离岸边仅 40 米。120 米长的沉船如今右舷朝下侧躺在海底, 船体上覆盖着大量珊瑚。沉船上一派生机勃勃的景象, 栖息于此的海洋生物有隆头鹦嘴鱼、鲹鱼、叶鱼、豆丁海马、大梭鱼、鳖鱼、石斑鱼、杰克鱼、天使鱼、污翅真鲨和灰三齿鲨等。

©Shutterstock

⑤ 伊良湖号

潜点位置：菲律宾科伦湾。
潜点深度：水下 12~40 米。
潜水经验等级：适合高级潜水者。

　　伊良湖号（Irako）沉船原来是一艘日本冷藏船，于 1944 年 9 月沉没于菲律宾科伦湾，所处位置比该地区大多数沉船的位置都要深。沉船保存完好，从甲板和船头附近可轻松进入。受过专业训练、经验丰富且配有所需装备的潜水者可以穿越引擎室。在船的中部，也就是接近该船被炸毁区域的地方有两个大锅炉。沉船上有成群的鲹鱼、梅鲷、石斑鱼、狮子鱼和绿海龟等。

⑥ 竞技神号

潜点位置：斯里兰卡。
潜点深度：水下 42~53 米。
潜水经验等级：适合高级潜水者。

　　竞技神号（HMS Hermes）是世界上第一艘以航母标准设计建造的航空母舰。这艘沉没于斯里兰卡水下的船目前保存完好，为技术潜水员提供了一个有趣的探索场所。由于 1983~2009 年间的斯里兰卡内战，沉船迄今为止鲜有潜水者到访。在船体中部附近，可以见到坍塌的上层建筑、防空炮、巨大的下甲板炮，甚至还有弹药。在船尾，竞技神号的其中一个巨型螺旋桨宛如巨兽般居高临下地耸立着。透过船体的一个缺口能看到一排抽水马桶。

达琳娜·加亚沃德娜／摄

🔴 蓝蓟花号

潜点位置: 红海。

潜点深度: 水下 16~33 米。

潜水经验等级: 适合中级至高级潜水者。

蓝蓟花号(SS Thistlegorm)不仅是一艘沉船,还是一座战争墓地和一座水下博物馆,同时它也是第二次世界大战造成的巨大破坏和损失的见证。完整地探索这艘 128 米长的沉船需要潜水数次。潜水者在这个"历史藏宝箱"中能找到机车、坦克、摩托车、步枪、卡车和吉普车等。

© ReefSmartGuides

❽ 杰克水上飞机

潜点位置：帕劳。

潜点深度：水下 15 米。

潜水经验等级：适合各级别潜水者。

杰克水上飞机（Jake）位于水下 15 米处，坐落于一个大珊瑚岬上。这架日

本飞机于 1994 年被发现，如今潜水者在这架几近完好的飞机上以及周围能找到很多物品，譬如无线电通信设备和弹药，驾驶室里还有一颗小炸弹。这里能见度通常较高，有章鱼、乌贼、海蛞蝓和各种各样的热带珊瑚礁鱼类，是水下摄影师的天堂。

阿希姆·韦茨 摄

⑨ 永嘉拉号

潜点位置: 澳大利亚昆士兰州。
潜点深度: 水下 14~28 米。
潜水经验等级: 适合高级潜水者。

永嘉拉号（SS Yongala）是澳大利亚著名沉船之一，位于大堡礁海洋公园内。受 1976 年的《历史沉船保护法》(*Historic Shipwrecks Act*) 保护，沉船上禁止穿越。如今沉船已成为各种海洋生物的家园，潜水者经常能在这里见到海龟、鲨鱼、海蛇、蝠鲼和鹰鲼。不过，这里水流较强，潜水时要当心！

⑩ 萨拉托加号

潜点位置：马绍尔群岛比基尼岛。
潜点深度：水下 27~50 米。
潜水经验等级：适合高级潜水者。

　　1925 年首次服役的萨拉托加号（USS Saratoga）是一艘排水量 40000 余吨、全长约 270 米的航空母舰。该舰因核试验而沉没，其内部空间大得令人难以想象：它有 7 层甲板，有很多通道、房间和厨房，潜水者可以尽情探索。该沉船的亮点是它有一个牙医诊室，诊室里有 3 台保存完好的牙科治疗椅，配备了牙科钻头、清洗盆，甚至还有为病人准备的耳机。

沉船摄影指南

一起来看看知名水下摄影师史蒂夫·琼斯的宝贵经验分享。

史蒂夫·琼斯 / 文

对海事历史的痴迷让我接受了一些最令人兴奋和最具挑战性的摄影任务。为了呈现沉船的故事，冷水、深水、低能见度以及强劲水流等都是我不得不面对的拍摄环境。尽管这些听起来令人望而生畏，但我很快意识到，我必须提升自己作为潜水员和摄影师的能力，而不是退而求其次，选择更容易的拍摄任务。在海底深处拍摄沉船使我的潜水技能和摄影技能都得到了提升，这是其他任何训练都难以企及的。但在接受更具挑战性的任务前，我首先需要掌握水下摄影的基本原理。无论你打算下潜到多深的地方，以下建议都有助于你提升沉船摄影技能。

B17G 空中堡垒轰炸机，位于克罗地亚维斯，摄于水下 72 米处。要拍好这张照片，与模特进行良好的沟通必不可少

史蒂夫·琼斯 / 摄

你的模特还能帮你打光。拍这张照片时，打光用的是 LED 灯而不是闪光灯

史蒂夫·琼斯 / 摄

拍摄时可使用模特作为参照以增强拍摄对象的规模感

史蒂夫·琼斯 摄

史蒂夫·琼斯/摄

泰蒂号（Teti）沉船，位于克罗地亚维斯水下 30 米处。海洋生物通常是不错的模特

使用广角镜头

沉船很大，因此广角镜头必不可少。我在拍摄沉船时几乎都使用了鱼眼镜头，它是拍摄大场景画面的首选。

制订计划

我想以记者的视角，用照片来讲述沉船的故事，因此制订计划非常重要，否则我可能仅仅随意拍下一些无法辨认的生锈的金属！我要考虑能见度是否允许拍摄沉船全貌，如果不允许，就改为拍摄细节。潜水前我会阅读与沉船有关的历史，熟悉沉船的舱位布局，与探索过该沉船的潜水者交流。这样的计划对深潜尤为重要，因为我可能只有一个短暂的时机来捕捉所需影像。

确定重点拍摄对象

我通常会找到并重点拍摄一些有特色的东西，而不会随意拍摄一些残骸。绞盘、枪炮和螺旋桨是不错的选择，当能见度不高不能通过一张照片呈现沉船全貌时，这些物品可能会成为我的主要拍摄对象。

使用模特

模特可以是人或海洋生物。潜水者是非常好的模特，有助于增强拍摄对象的规模感，并表现潜水的探索和冒险精神。海洋生物也是不错的模特，有助于呈现沉船的生命力。

如果有潜水者愿意成为你的模特，那么潜水前和潜水过程中的沟通必不可少。你们要约定沟通的手势并讨论拍摄计划，你要告诉模特应目视何方（不要看镜头！）、如何摆姿势及灯光会照向何处，以便将观众的视线引导至主要目标。最重要的是，要友好地对待你的模特！

捕捉氛围

呈现规模感是拍摄沉船时必不可少的一点，只要能见度允许我都会尝试。此外，我还希望拍出的照片能使人们产生敬畏感——正如我在沉船上感受到的一样，同时记载一个关于探索与发现的故事。

避开他人

其他潜水者和他们呼出的气泡可能会毁了你的照片，因此要将他们置于镜头外。任何时候，只要条件允许，我都会第一个入水，然后迅速投入工作，尤其是当沉船上有沉积物时。因为一旦沉积物被搅起，可能需要一些时间才能沉下去。构图要简洁、干净，将拍摄对象从杂乱的背景中分离出来。

英国皇家海军倔强号，位于马耳他水下 55 米处。一个实用的构图小贴士：让你的模特与拍摄对象的倾斜方向和角度基本相同

德军鱼雷船，位于马耳他水下 65 米处。外置灯有助于突出拍摄对象的形态

掌握打光技巧

沉船体积巨大，因此掌握打光技巧很重要。不要试图用闪光灯照亮整艘沉船，因为它并不能照亮如此大的区域。你可以在近距离拍摄前景目标时使用闪光灯，同时利用环境光来平衡光线。无论是拍摄黑白照片还是彩色照片，利用环境光都很重要，且拍摄时应关注沉船的外形和对比度。你可以充分利用阳光产生的阴影和高光。你也可以用外置光源（如大功率 LED 灯或远程触发闪光灯）来照亮远处，这是最具创意且最有趣的沉船打光方式。

熟能生巧

为了在重要拍摄任务中获得高质量影像，我会不断练习拍摄技巧。为了更好地在深海中拍摄沉船，我会在浅海中那些人工沉没的船上练习拍摄技巧。在做准备工作时付出的努力越多，在执行重要拍摄任务时获得的影像质量就越高。

史蒂夫·琼斯，水下摄影师，记者。在 30 多年的职业生涯中，他的作品在 30 多个国家发表，并有众多作品获奖。他是名副其实的全才，有过在各种海洋环境中拍摄的经历——在北大西洋拍摄沉没于深海中的大型战舰，在零度以下的海水中拍摄顶级极地掠食者，在水流强劲的赤道水域拍摄海下景象。他是宝珀五十噚系列潜水腕表的摄影师，是海洋地理学会的外埠通讯员，也是海洋艺术家学会的会员。他的研究领域涵盖海事历史和海洋生态学。

不走寻常路

水下摄影师托拜厄斯·弗里德里克带领我们踏上了一条非同寻常的路，揭开了土耳其号和艾尔阿里什号沉船的神秘面纱。

托拜厄斯·弗里德里克 / 文

土耳其号沉船上有一个浴缸，潜水者很容易找到它

土耳其号

土耳其号（SS Turkia）的沉没原因至今尚不明确。沉船上有很多隐藏的宝藏，等待勇敢的潜水者探索。

土耳其号在苏伊士湾沉没的原因至今尚不明确。有人指出，第三载货甲板起火是导致这艘91米长的货轮沉没的原因。还有人指出，就像蓝蓟花号一样，这艘船遭到了一架德国战机的轰炸。沉船所在地距离埃及赫尔格达14小时船程，大多数船宿行程都不包括此地，因此鲜有潜水者到访，这对海洋生物和沉船的保护而言再好不过了。

该船于1909年建造于英格兰赫尔，最初被称为利沃尔诺号（Livorno）。建成后它被用于在赫尔、伦敦和亚得里亚海之间运输货物。第一年后，它分别在赫尔、君士坦丁堡、新罗西斯克和敖德萨之间以及圣彼得堡和喀琅施塔得之间航行。第一次世界大战期间，该船被用于在曼彻斯特、利物浦、圣彼得堡和里加之间运输货物。第一次世界大战后，它航行在多条线路上，主要任务是运输易腐烂的水果和煤等散装货物。该船于1920年停航，1935年被卖给希腊。之后它被改称为土耳其号并再次投入使用。

在结束最后一次航行后，该船沉没于水下10~24米的沙地上。对潜水者来说，这是理想的深度。尽管船体保存完好，但周围的海床上到处都是沉船碎片。这是一艘令潜水者兴奋的沉船。和罗莎莉·莫勒号（Rosalie Moeller）一样，土耳其号的船头高耸在沙地上方，上面缠着渔网，这些渔网是渔民们无数次试图捕捞藏在沉船巨大的货物甲板上的大型海洋生物时留下的。成百上千的梭鱼和鲹鱼在这艘位于苏伊士湾中央的沉船上安家，鱼群密度之高在红海其他水域并不多见。密集的鱼群使得潜水者有时候几乎看不见沉船，在鱼群间潜水就像探访一处秘境。

装载货物的巨大的甲板上有数不清的轮胎，这些轮胎可能是第二次世界大战时军队的补给。游过开阔的引擎室，潜水者会从另一个甲板出来，在这里能找到一些炮弹和完好的手榴弹。甲板上到处是贻贝，它们附着在运载燃料和弹药的车辆上。在上层甲板和小船舱里能找到完好无损的酒瓶。土耳其号沉船上的确有一些其他沉船上少见的宝藏。

> 密集的鱼群使得潜水者有时候几乎看不见沉船，在鱼群间潜水就像探访一处秘境。

摄影小贴士

苏伊士湾的能见度不如红海其他水域，很难一次拍摄沉船全貌，摄影师的最佳选择是重点拍摄船头和船尾。甲板上和沉船内部其他地方也有一些不错的拍摄对象。

装载货物的巨大的甲板上有很多轮胎

何时潜水

最佳潜水时间是6~10月，其他月份里苏伊士湾常常有大风浪。

一位潜水者正在观察挂在海藻丛生的窗户上的两件救生衣

艾尔阿里什号

关于这艘渡轮的沉没，没有相关记载，它就像一个废弃的水下旅馆，令人毛骨悚然。

红海中另一艘鲜为人知的沉船是艾尔托阿尔阿里什号（El Tor Al Arish），简称艾尔阿里什号（El Arish）。这艘渡轮建于1980年，1981年3月交付给地中海亚历山大港的一家埃及公司。1991年被改名为艾尔托艾尔阿里什号（El Tor El Arish）后，这艘106米长的渡轮开始在沙特阿拉伯和埃及之间的红海运营，直至神秘沉没。有人说这艘渡轮沉没于2002年，还有人说它沉没于2004年。有人猜测，它是被故意沉没的，因为其经营者无力负担港口费。还有人猜测经营者故意沉没渡轮是为了骗取保费。

甚至连渡轮的GPS坐标都成了一个谜：自从引擎室的一场火灾导致渡轮严重损坏后，这艘渡轮一直停泊在塞法杰岛附近，但有一天它突然消失了。经过一番搜寻，人们在塞法杰港附近发现了这艘位于水下37米处的渡轮。

只有少数船宿公司和潜水中心知道这艘沉船的准确位置，它自沉没后尚未有潜水者到访，因此船上仍保留着许多原有的设备和物品。

从上到下：沉船内部的一段楼梯；一块生锈的老招牌；办公室残骸

沉船上的一部电梯，已经有鱼类在此安家了

但是，沉船上的能见度最多只有 8 米，潜水者无法一次完成对整艘沉船的探索，需要更多时间来探索沉船内部以及它巨大的锚链。

真正的精彩在艾尔阿里什号沉船内部，那里有老旧的救生衣、黑暗的电梯，还有一间设施完备的办公室。尽管沉船内部的能见度高得多，但潜水者仍需格外谨慎，每一个呼出的气泡都会搅动沉睡多年的沉积物，几分钟内能见度就会变为零。因此，只有携带充足气体的有经验的潜水者才能穿越沉船。不过，沉船的右舷距离水面仅 12 米，初级潜水者也可轻松探索沉船外部。救生艇甲板、烟囱、桅杆、船尾楼梯井、船尾舱门、船舵和螺旋桨等都是可以轻松探索的有趣的物品。

如今，沉船上布满了软珊瑚，沉船周围有大量的海洋生物。

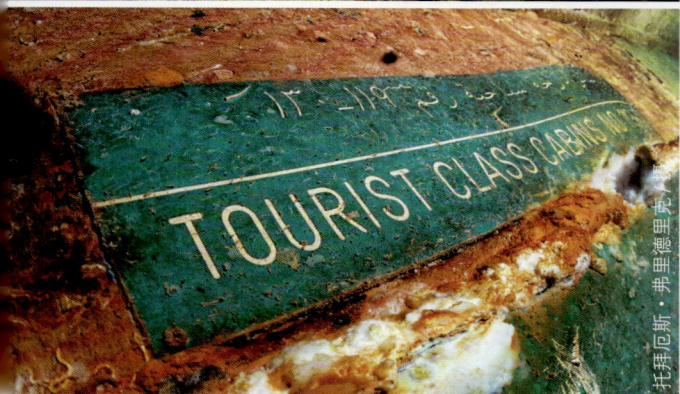

托拜厄斯·弗里德里克 于 2007 年开始从事水下摄影。此后，他的摄影作品发表在《运动潜水者》（Sport Diver）、《水下世界》（Unterwasser）和《潜水》（Tauchen）等知名潜水杂志上。

亚洲潜水展演讲嘉宾

沉船荟萃

对于已成为"铁锈控"的你，本文介绍的目的地定会令你大饱"潜"福。

特鲁克潟湖的
神国丸号沉船
内部

安德鲁·马里奥特 摄

苏比克湾

安德鲁·马里奥特 / 文

生命中，你很少会觉得自己重新回到了冻结在时光中的某个瞬间。战争和戏剧故事通常只出现在历史书和电影中，看起来更像是虚构的小说而非事实。这就是沉船潜水如此特别的原因，它为潜水者提供了回到过去的机会，使他们可以见证那些改变世界的事件，体会时间的流逝。在大多数潜水目的地，通常只有一艘沉船能为你提供回到过去的机会，但在苏比克湾，你可以体验前后长达 200 年的历史。苏比克湾有种类繁多的沉船，从美西战争中沉没的 19 世纪中期的明轮蒸汽船，到 20 世纪动荡年代沉没的高科技电子战斗机。苏比克湾的沉船具有深厚的历史底蕴，这是世界上其他地方的沉船无法比拟的。

苏比克湾离马尼拉西北部仅 3 小时车程，离克拉克机场仅 1 小时车程，且与菲律宾各大国际机场之间均有现代化公路连接，能够轻松到达。苏比克湾位于山路崎岖、风景优美的巴丹半岛的西侧，它见证了第二次世界大战中最著名的（或最臭名昭著的）一些历史性时刻。整个苏比克湾都相对较浅，中部最深的地方仅 40 多米，入口处和小海湾更浅，水深只有 15~20 米。在菲律宾，苏比克湾的低能见度是出了名的，但实际上苏比克湾是一个能见度可形成鲜明对比的地方。当水质开始奇迹般地好转时，即便在能见度最低的潜点，海水也可能会突然变得清澈、湛蓝；也有可能一半沉船清晰可见，另一半则隐没在浑浊的海水中。

苏比克湾经历了诸多历史变迁，其所有者频繁更换。最早在珍宝船队时期，它是西班牙的一个港口，有些珍宝船队中的帆船尚待我们去发现；之后它由美国接手，然后被日本控制，再之后重新被美国控制，最终归菲律宾所有直至今日。这些所有者都留下了或多或少的印记，这些印记在沉船上清晰可见。

没有任何一个地方在如此小的区域内汇聚了这么多不同类型的沉船供潜水者探索。从无畏舰时代的美国巡洋战舰，到第二次世界大战时期的日本飞机，甚至还有在好莱坞电影中亮相的 20 世

安德鲁·马里奥特 / 摄

船长号（El Capitan）沉船的一个梯子上覆盖着硬珊瑚

纽约号沉船上未打开的瓶装酒

纪早期的观光游艇，苏比克湾有沉船潜水者想要的一切。坦克、螺旋桨飞机、喷气式飞机、蒸汽船、战舰、水泥船，潜水者的每一潜都是对一段历史的全新探索。

太平洋中有许多日本的"××丸"号沉船可供探索，苏比克湾中也有几艘，但苏比克湾的独特之处在于它拥有全世界唯一一艘美西战争时期的巡洋战舰——纽约号。这艘巨大的战舰建造于1893年，为美国海军服役了近50年，经历了全球的各种动荡。如今它躺在浅水区，很少受到打捞者打扰。这是一艘令人惊叹的沉船，它全长117米，排水量接近9000吨，潜水者至少需两潜才能完整穿越整艘船。

这艘沉船上有许多令人印象深刻的物品，包括20.3cm口径的主炮和巨大的螺旋桨。此外，沉船内部空间很大，这为有经验的潜水者提供了极好的穿越机会。这艘壮观的沉船最深的地方位于水下27米，它所在的水域海水温暖，没有强流，潜水者可以轻松到达。

苏比克湾的鲜明对比也体现在海洋环境上。这里的沉船大多是覆盖着沉积物的成堆的生锈金属，但这里也有大片色彩丰富的区域。扬146号（YON 146）是服役于美国海军的一艘大型货船，但它是一艘水泥船而非金属船。该沉船位于海湾的主河流入口，这里的能见度通常是所有潜点中最低的，但有时能见度会突然变高，你可以看到这艘"脏脏的"沉船上长满了黄色和橙色的软珊瑚，也可以看到栖息于软珊瑚间的鱼类。

圣昆廷号（San Quentin）沉船上美丽的珊瑚

31

沉没在海底的昭和
L2D"斑猫"零式运输
机上的一个生锈的马桶

安德鲁·马里奥特／摄

坦克登陆舰残骸

除了拥有种类和数量惊人的沉船，海洋生物是苏比克湾另一惊人之处。作为一个活跃的大型商业港口，大多数潜水者认为这里的沉船一定是死寂而荒凉的，而事实恰恰相反。

苏比克湾的沉船上鱼类数量惊人，不仅有小型鱼类，还能找到很多大型鲷鱼、杰克鱼、梭鱼和石斑鱼，它们有的甚至比中等身材的潜水者还要大。这里大型鱼类的数量超过了菲律宾 99% 的潜点，这可能归功于苏比克湾的渔猎禁令。苏比克湾以其数量众多、类型丰富的沉船吸引着潜水者，令人总想再次回来潜水。

亚洲潜水展演讲嘉宾

安德鲁·马里奥特是一位经验丰富的潜水员，也是摄影师和作家。来自美国的他在金融行业工作期间爱上了海洋。移居关岛后，他全身心投入与海洋相关的工作，担任潜水教练和水下摄影师，使许多潜水新手爱上了水下世界。在朋友和学生的鼓励下，他现在是全职水下摄影师，并撰写了一些潜水方面的文章。

33

东亚丸号沉船载货平台内部

所罗门群岛

格伦·容／文

所罗门群岛没有受到现代化发展及生态旅游兴起的影响，是南太平洋上文化活动和生物多样性异常丰富的潜水天堂。

吉佐岛是所罗门群岛西部省的一个潜水目的地，那里的中央车站（Grand Central Station）是世界上鱼类数量最多的潜点——有记录显示，该潜点的鱼类超过了275种。在吉佐岛附近潜水相对容易，我们这些沉船潜水爱好者造访了所罗门群岛最著名的沉船东亚丸号（Toa Maru）。沉船位于吉佐岛附近，曾是一艘日本运输船，

沉船上一个瓶子里的旧避孕套颇受潜水者关注

一些有趣的物品依然留在沉船上，譬如清酒瓶、医疗用品、弹药、一辆摩托车，还有一辆21型坦克躺在碎石中。

在东亚丸号上发现的两个桶

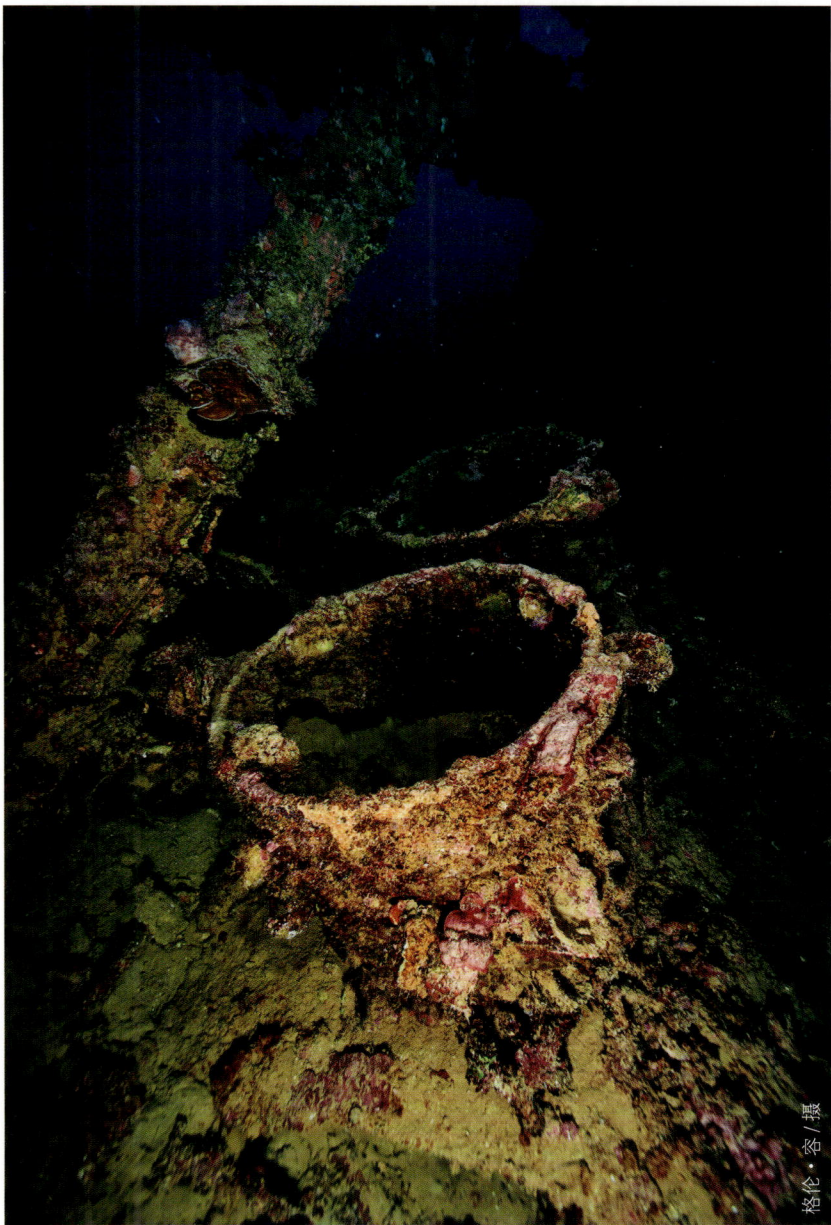

在太平洋战争期间因美军袭击而损毁。一些有趣的物品依然留在沉船上，譬如清酒瓶、医疗用品、弹药、一辆摩托车，还有一辆21型坦克躺在碎石中。

随后我们登上塔卡号（MV Taka）前往蒙达（Munda），中途在帕拉拉岛（Parara Island）的碧果碧果（Mbigo Mbigo）进行了一次珊瑚礁潜水。这是非常棒的一次潜水，水下有丰富的珊瑚礁，时而还有远洋生物出现。

从帕拉拉岛继续前往蒙达的途中，我们听说即将见到原始的珊瑚礁、数量众多的海洋生物以及大量的沉船。F4F-F格鲁曼野猫战斗机（F4F-F Grumman Wildcat）沉没地是其中一个著名的潜点，它倒扣在一片名为"爱丽丝漫游仙境"（Alice in Wonderland）的珊瑚礁上。这架战斗机位于水下14米处，如今依然保留着被击落前的战斗痕迹，大多数休闲潜水者均可到访。

樫船号（Kashi Maru）是蒙达最精彩的沉船之一。传说这艘日本货船在为驻扎在新乔治亚岛的部队卸载卡车和补给货物时遭遇了美国空军的轰炸。货船现躺在博罗可港口（Mboroko Harbour）水下17米处，距离蒙达约60分

格伦·客 摄

35

格伦·容 摄

櫂船号驾驶舱鸟瞰图

格伦·容 摄

大量海洋生物在 F4F-F 格鲁曼野猫战斗机的轮子上安了家，令其几乎无法辨认

在所罗门群岛"猎头"时代死去的人的颅骨

格伦·容 摄

当地的风俗是让死人保持坐姿直到其肉身被动物和昆虫吃掉。

钟船程。如今货船上生机勃勃，珊瑚、海鳗和成群的鱼已在此安家。

在潜水间隙，我们参加了骷髅岛（Skull Island）一日游。骷髅岛是一座令人有点儿毛骨悚然的岛屿，拥有很多历史和文化遗址。过去，当地的风俗是让死人保持坐姿直到其肉身被动物和昆虫吃掉，然后将颅骨从肢体上分离并放入一个用当时的货币（珊瑚和贝壳）做成的神龛内。普通人和奴隶的颅骨被放在神龛底部，有名望的首领的颅骨则会被放进一个漂亮的盒子里。

离开所罗门群岛时我们带走的不仅有所罗门群岛的照片和关于它的故事，还有从太平洋战争、本地部落以及热情的当地人那里学到的重要一课。

亚洲潜水展演讲嘉宾

格伦·容 是新加坡的一位职业摄影师，从事商业和水下摄影。他曾为亚洲多家潜水度假村和潜水目的地拍摄照片，得到了世界各地专业摄影协会的认可。

科伦湾

琼·希里尔·塞尼尔 / 文

在科伦湾潜水就像探索历史。科伦湾大约有 10 艘日本沉船,潜水者通过潜水一日游即可轻松探索其中的 8 艘。潜水者可穿越大多数沉船,但前提是确保潜水计划与个人的潜水经验、资质和能力相适应。

沉船外部的能见度虽不太理想,但沉船内部的能见度通常很不错,除非前面有潜水者搅动了泥沙。有些潜点会受到强流影响,必要时需要调整潜水行程。为了在保证安全的前提下获得良好的潜水体验,你需要制订完整而详细的潜水计划,选择经验丰富的潜导并准备充足的物品——这些还是一如既往的重要。

琼·希里尔·塞尼尔/摄

我的潜伴吉瑞普恩、肯尼思和吉姆在旭山丸号沉船的甲板上方潜水

1 兴川丸号

兴川丸号(Okikawa Maru)是一艘海军燃料补给船,它是科伦湾的沉船中最大的一艘,长 160 米。尽管被轰炸机多次轰炸,它在 1944 年 9 月 24 日的袭击中并未沉没。后来,这艘船因大面积损毁而被船员抛弃,并于 1944 年 10 月 9 日沉没。如今它位于水下 25 米处,船头有明显损坏痕迹。

沉船从螺旋桨轴至引擎室的一段可以穿越,其中有多个区域可供探索。在甲板、驾驶舱和船体侧面等地方,蓝龙海蛞蝓随处可见,这为水下摄影师和对海洋生物感兴趣的潜水者提供了大量拍摄机会。

2 伊良湖号

伊良湖号沉船是日本海军的一艘补给船,船上有巨大的冷藏装置和桅杆,令人过目难忘。沉船总长 147 米,最深的地方位于水下 42 米处,甲板位于水下 29~35 米处。这艘船于一次空袭前夜抵达科伦湾,在此接受命运的考验——数次轰炸使它的中心驾驶舱严重损坏并导致起火。

如今,大群的杰克鱼和黄带拟鲹围绕在沉船周围,还有一群甜唇鱼躲在避流处。有经验的潜水者可穿越整艘沉船,但考虑到沉船的深度,通常只建议在甲板所处的深度范围内进行探索。

3 工业丸号

工业丸号(Kogyo Maru)是一艘长 135 米的货轮,用于运输建设机场跑道的建筑材料和设备以及飞机的零部件。它在马尼拉湾的空袭中幸免于难,之后受命前往科伦湾,抵达后第二天与 39 名海员一同沉入水下 22~26 米处。

如今,这艘货轮侧躺在水底,最深处位于水下 34 米,几个货舱提供了多条可供潜水者穿越的路线。潜水者能见到很多包水泥,甚至还有一台小型推土机。继续向前,还能见到覆盖上层甲板顶部的一大片美丽的甘蓝珊瑚,还有引擎室里的一个大锅炉。

4 莫拉桑丸号

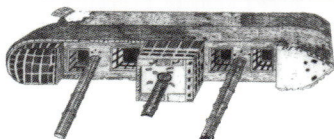

莫拉桑丸号（Morazan Maru）是一艘补给货轮，它的历史很有趣。它先在亚马孙河上载运乘客，之后负责将香蕉从洪都拉斯运往新奥尔良。它于1941年来到亚洲，后被日本军队俘虏。

这艘全长93米的货轮如今右舷朝下侧躺在水下25米处，4个大货舱提供了多条令人兴奋的穿越路线。潜水者穿过3层甲板后，仍有足够的时间来探索外部区域。锅炉和燃料砖仍然留在沉船上且清晰可见，但蒸汽引擎已被打捞出水。上层甲板也覆盖着大量甘蓝珊瑚和其他海洋生物。

5 秋津洲号

秋津洲号（Akitsushima）是一艘长114米的水上飞机母舰，舰上装载着一架用于海上巡逻的日本海军飞行艇（四引擎二式飞行艇"艾米莉"）。袭击中它几乎被切成两半，极有可能是下落不明的飞行艇备用航空燃油爆炸所致。它是科伦湾的沉船中唯一一艘真正的战舰，在空袭中进行了还击。沉船最深的地方位于水下35米处，左舷位于水下22~24米处。各层甲板有多条穿越路线，有很多有趣的地方（如引擎室、塔楼等）可供探索，潜水者可见到机枪、子弹和起重设备等。船体上没有太多珊瑚，因为船体表面的涂料有毒，不利于海洋生物生存，但一些梭鱼、玻璃鱼、蝙蝠鱼、狮子鱼和一只黄色的海马已在沉船上安家。

6 奥林匹亚丸号

奥林匹亚丸号（Olympia Maru）是被日本自卫队征用的军队补给货轮。这艘长127米的货轮建造于1920年，1930年其蒸汽机被柴油机取代。这艘船因在马尼拉湾受到猛烈袭击而损毁，当时船上载有1250吨大米和补给货物。它试图从轰炸中逃生，结果被击中数次后沉没。如今这艘船躺在水下30米处，船上的8个桅杆指向水面。货舱区易于穿越，3层甲板清晰可见。船上有一个开放式监狱，潜水者可探索这里并猜测何人曾被关在其中。软珊瑚遍布于船侧、货舱中以及巨大的桅杆上，潜水者能在船头看到很多狮子鱼。

7 辉风丸号

辉风丸号（Teru Kaze Maru）是一艘 35 米长的猎潜舰，它沉没在很浅的水域，最深的地方位于水下 19 米处，最浅的地方位于水下 3 米处。潜水者只能在沉船内部进行有限穿越。精彩之处在沉船外部，这里有数量众多的海洋生物，其中包括花斑连鳍鮨。

8 吕宋炮舰

吕宋炮舰（Lusong Gunboat）是科伦湾的沉船中位于最浅处的一艘沉船，甚至浮潜者也可到访。这艘 30 米长的炮舰被十多发炮弹击中，在奋力抵达吕宋岛后沉没。低潮时沉船顶端会露出水面，船头位于水下约 12 米处。沉船周围的珊瑚礁非常迷人，珊瑚礁上栖息着健康的海洋生物，其中包括剃刀鱼和火焰贝。

9 旭山丸号

旭山丸号（Kyokuzan Maru）是一艘军队补给舰，于布桑加岛北部沉没。根据一位美国空军队员的记录，它因左舷被直接击中而沉没。但一般认为该舰是因起火后被遗弃而沉没，并非因船体受损而沉没。沉船最深的地方位于水下 40 米处，甲板层位于水下 22~28 米处。它是能见度最高的沉船之一，全长 150 米，极为壮观。

科伦趣味阳光潜水中心的伯莎从奥林匹亚丸号沉船的船头游出

10 南进丸 27 号

南进丸 27 号（Nanshin Maru 27）是一艘 70 米长的小型油轮，是日本海军运营的 30 艘同类油轮之一。油轮隶属于一个小型护航舰队，于 1944 年 8 月 27 日遭一艘美军潜艇袭击后逃脱，之后于 1944 年 9 月 24 日因遭遇致命袭击而沉没。目前沉船最深的地方位于水下 34 米处，上层船尾甲板位于水下 18 米处。

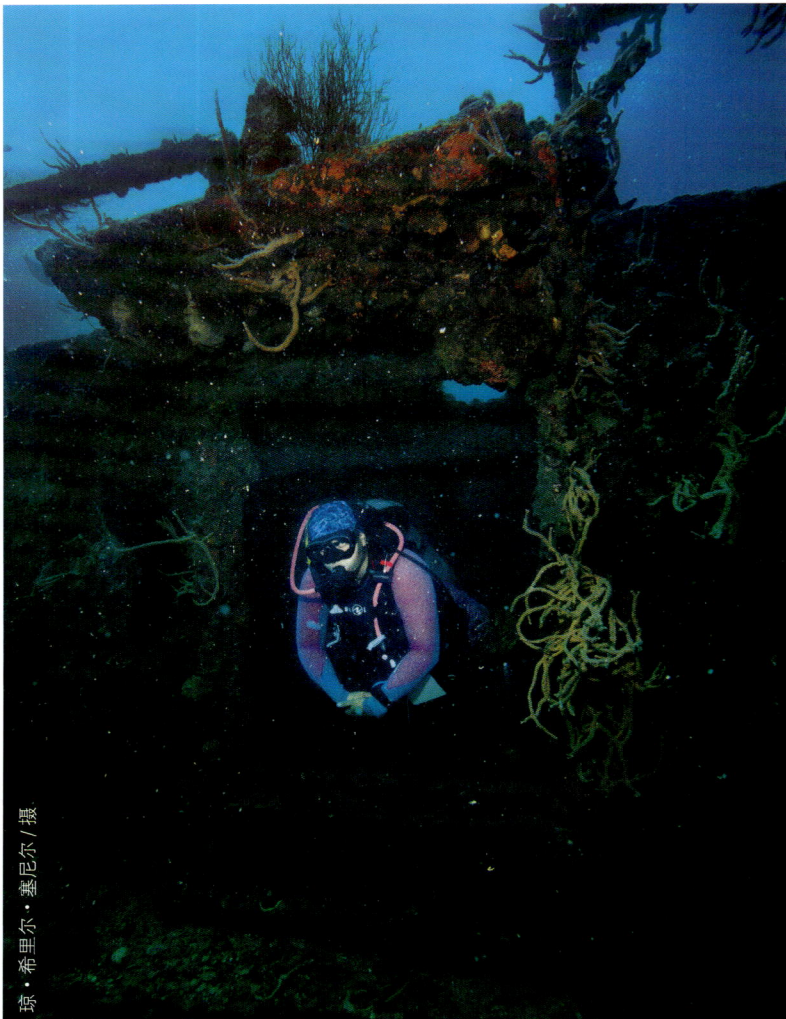

琼·希里尔·塞尼尔在取得学士学位后即离开瑞士日内瓦前往亚洲发展，曾在马来西亚、新加坡和菲律宾等国家工作。2012 年，他离开所在的公司，去追求他 25 年前就热爱的潜水，并成为科伦趣味阳光潜水中心（Fun & Sun Coron）的合伙人。他现与妻子艾琳和两个儿子奇南和利亚姆生活在菲律宾宿务，他的两个儿子也是持证潜水员。

船舶术语

如果你已被各种专业术语弄昏了头，别担心，我们来帮你梳理。以下术语有助于你学习船舶的基本知识。

❶ 船锚：船停泊时所用的器具，一端用缆绳或铁链连在船上，停船时，将另一端抛到海底，可以使船停稳。

❷ 主炮：用于攻击其他船只的较大的炮塔，攻击目标通常为大型船只。

❸ 上层建筑：建造于船舶上层甲板以上的建筑物的统称。

❹ 驾驶舱：用于操控船只航行的舱室，有一个升高的朝向前方的操作台。

❺ 索具：悬挂船旗升降索的设备。

❻ 船桅：高高的直立的杆子或其他结构。

❼ 烟囱：引擎废气排放口。

❽ 炮塔：架设带防护装置的大口径枪炮的支架。

❾ 露天甲板：上方无遮蔽、暴露在大气环境中的上层甲板。

❿ 船体：除上层建筑外的主船身。

⓫ 龙骨：船底中心线处从船头至船尾贯通全船的承重结构。

⓬ 船首：船头最前端。

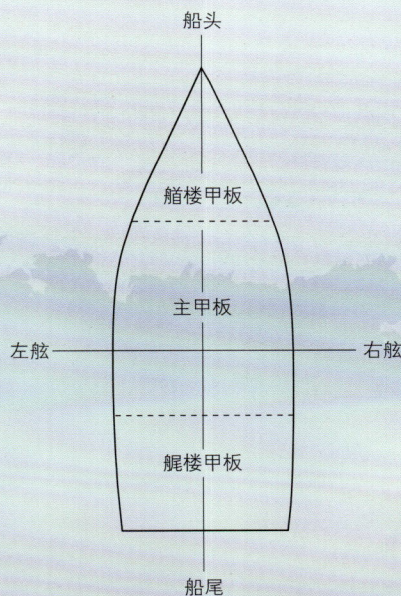

过去的战争

我们今天见到的很多沉船都是历史的
遗物，它们并没有因岁月的流逝而消失。
让我们来回顾一下在海床上留下印迹的一
些著名战役吧。

位于特鲁克潟湖的神
国丸号沉船内散落在
桌子上的玻璃瓶

冰雹行动

特鲁克潟湖也被称为"幽灵沉船区",这个名称的背后是一个关于战争与毁灭的悲剧故事。

安德鲁·马里奥特 / 文

1944 年 2 月 17 日清晨,特鲁克潟湖上水面平静,微风习习,天空中有低矮的云朵慢慢飘过。此时,60 多艘日本海军战舰正静静地停泊在抛锚点。其中,爱国丸号(Aikoku Maru)于前夜刚刚抵达,近 700 名士兵准备在早餐后从闷热的货舱中卸货。近 400 架飞机分散停在各座小岛上待命,随时准备行动。

平静的抛锚点上纷纷响起船钟声,宣告日本海军在太平洋地区的主要军事基地又开始了新的一天。东边的地平线上,美国海军的数百艘航母舰载机正冲向特鲁克群岛,目的是为珍珠港事件中的牺牲者复仇。"冰雹行动"即将开始,地狱之门即将开启。

特鲁克群岛,现称楚克群岛,位于赤道以北的加罗林群岛。第一次世界大战期间,日本从德国手中取得了特鲁克群岛的控制权,它成了日本在太平洋地区的主要军事基地。在两次世界大战之间的 20 年和平时期,特鲁克群岛成了拥有多个抛锚点、机场和港口的大型军事基地,甚至还建起了艺妓院。太平洋战争爆发以来,日本海军的主要战舰都驻扎在这里,支持着日本的大型军事行动。位于日本和澳大利亚之间的特鲁克群岛有着极其重要的战略地位。

当日清晨首先抵达特鲁克群岛的是美国海军第 58 特混舰队的地狱猫战斗机,任务是扫荡日军的 A6M 零式战斗机。日军的零式战斗机曾经称霸太平洋天空,但到 1944 年它就远远落后了。空袭结束时,4 架地狱猫战斗机被击落,零式战斗机则无一幸存。如今在特鲁克潟湖附近能找到数架日军当年的战斗机,它们所在的地方已成为非常不错的潜点。

继地狱猫战斗机扫荡后,美军的俯冲轰炸机和鱼雷轰炸机抵达,场面惊人。日军分散于 3 个主要抛锚点的货船、油轮、军队运输船、潜艇母舰和维修舰等被美军的驱逐舰、潜艇以及各种巡逻船、拖船和港口汽艇包围。美军的数百架轰炸机展开猛烈攻击,整个天空被炮火淹没。当爱国丸号以上层建筑顶端的两门火炮还击时,一架俯冲轰炸机突然飞过并投下了一枚炸弹。货舱中,日军海上机动旅团的近 700 名士兵惊恐地目睹一枚 1000 磅(453.59 千克)的炸弹落在装满高爆炸性军火的货舱上。爱国丸号惊人的爆炸力令轰炸机瞬间蒸发,周围数千米内,房屋的窗户被震碎,人们的耳膜被震裂,巨大的战舰不到两分钟就沉没了。

与爱国丸号战舰同时沉没的近 700 名士兵唯一的墓葬是那绽放在空中的巨大蘑菇云。直至今日,该战舰上层建筑顶端的火炮依然指向天空。

类似的场景在特鲁克潟湖整整上演了两天,许多战舰在激烈的战斗中沉没。许多大型油轮在下冰雹般连续轰炸下起火沉没,如今,包括神国丸号(Shinkoku Maru)在内的一些油轮成为全世界最令人惊叹的沉船。富士川丸号等飞机运输船遭鱼雷连番攻击,带着所载的飞机一同沉没,如今成了潜水者珍爱的历史遗物。

平安丸号(Heian Maru)等由

日丰丸号（Nippo Maru）沉船上一辆长满珊瑚的坦克

美军的数百架轰炸机展开猛烈攻击，整个天空被炮火淹没。

豪华客轮改装的潜艇母舰是美军的主要袭击目标，如今，这些沉船上依然到处是潜望镜、鱼雷和船员的个人物品。在"冰雹行动"中，有 2 艘轻型巡洋舰、4 艘驱逐舰、3 艘辅助巡洋舰、6 艘辅助舰和 32 艘商船沉入特鲁克潟湖，另有 250 架飞机被摧毁。

据估计，约有 5000 人在"冰雹行动"中丧生，但战斗的遗物留存至今：数十艘满载着货物和各种物品的大型舰船，如今冻结在时光中，为无比美丽的珊瑚礁所覆盖。完整探索特鲁克潟湖需倾尽一生，但任何到访的人，哪怕只在那里停留一周，都会留下难以磨灭的印象。

沉没于卡维恩里桑岛（Lissenung Island）附近的深海皮特飞机的残骸

格洛斯特角战役

1943 年和 1944 年是日本与反法西斯盟军武力冲突的高峰期。

克里斯托弗·巴特利特 / 文

巴布亚新几内亚以拥有世界上最好的珊瑚礁潜水胜地而闻名，那里有数量众多的顶级潜点，但鲜有潜水者到访，且很少有人了解那片水域水面之下所埋葬的丰富历史。

在第二次世界大战期间，日本军队决定占领莫尔兹比港的机场，把它作为孤立乃至入侵澳大利亚的平台。反法西斯盟军决意阻止日军的行动。在此前的行动中，日军占领了新不列颠岛东部的拉包尔，并把它建设成为自己在南太平洋海上的主要军事基地。

为了保护前来的舰船，日军在拉包尔东北部建立了一个配备多用途单引擎水上飞机的后方补给基地。

新不列颠岛西部的格洛斯特角（Cape Glouster）是盟军在 1943 年底至 1944 年初进攻的主要地点，双方在巴布亚新几内亚的北部省和米尔恩湾省多处也发生了激烈的战争。在战争中沉没的飞机和舰船残骸如今深受潜水者喜爱。

新爱尔兰岛西部的卡维恩是 1944 年日军的一个重要补给基地。1944 年 2 月 15 日，美国空军发起了一次进攻，摧毁了日军的主要设施，击沉了日军停泊在卡维恩港口的多架水上飞机。美国空军也损失惨重，第 345 轰炸大队的 4 架 B25 轰炸机坠毁，其中 3 架

至今尚未被找到，唯一被找到的顽固捣蛋鬼号（Stubborn Hellion）如今躺在靠近阿尔伯特罗斯海峡（Albatross Passage）的红树林水域水下 12 米处。

在卡维恩港口附近能找到日军的 1 架皮特双翼飞机（Pete）、3 架杰克水上飞机以及天龙丸号（Tenryu Maru）的残骸，还能

找到 1 架盟军的卡特琳娜水上飞机（Catalina，也称PBY-5）的残骸。金属外壳的日本飞机保存完好，但卡特琳娜水上飞机仅剩发动机机体、螺旋桨、排挡和机翼框架。人们还能在附近的沙滩上找到各种弹药，甚至还有一颗500磅（226.80千克）重的炸弹。

—— 三兴丸号是一艘被称为"幽灵船"的武装运输船，它的主要任务是为日本运送战俘。

5分钟船程之外的努沙里克岛（Nusa Lik Island）附近，在38米深的蔚蓝海水中，壮观的深海皮特飞机（Deep Pete）倒扣在沙地上。此处是拟羊鱼和鲷鱼的天堂。有时大量的鱼聚集于此，以至于连螺旋桨都快看不见了。

在4架B25轰炸机毁于卡维恩的第二天，第345轰炸大队

克里斯托弗·巴特利特／摄

位于新汉诺威岛附近水域的猎潜艇CH39

在新汉诺威岛北海岸线图伦岛（Tunnung Island）的三岛港（Three Island Harbour）附近发现了一些日本舰船。

三兴丸号（Sanko Maru）是一艘被称为"幽灵船"的武装运输船，它的主要任务是为日本运送战俘，船上条件极其恶劣。它也是两艘微型潜艇的母舰，由猎潜艇CH39护航。长130米的三兴丸号是易于打击的目标，曾被500磅的炸弹击中多次，猎潜艇CH39试图逃脱，却在1000米外浅水区的珊瑚礁上搁浅，成了轰炸机和机枪手的练习靶。

三兴丸号可能是太平洋上最美的沉船，船体上长满了海扇和海鞭珊瑚，成群的闪闪发光的鱼穿梭其中。沉船侧躺在水下22米处，左舷距离水面只有5米。

两艘微型潜艇中，有一艘是日军建造于1934~1944年间的76艘微型潜艇之一，它侧躺在50米之外的海中，躲过了从三兴丸号上掠走螺旋桨和锅炉的打捞者。如今，微型潜艇的控制塔敞开着，

海鞭珊瑚从空空的鱼雷发射管和螺旋桨中长出。

拉包尔是第二次世界大战时期日本的一个主要军事基地，那里有许多沉船。遗憾的是，很多沉船遭到了非法打捞。1994年拉巴尔火山爆发，拉包尔很多地方被覆盖在6米厚的火山灰之下，许多沉船也被火山灰淹没了。

距海岸线90分钟船程的地方，有一架保存得非常好的皮特双翼飞机，位于水下25米处的清澈海水中。这架皮特双翼飞机在抛锚点被击落，附近有一艘由布缆舰改装成的布雷舰——乔治沉船（George's wreck）。因身份不明，该沉船以发现它的潜水者的名字命名。乔治沉船的船头位于水下14米处，船尾位于水下60米处，货舱和驾驶舱可穿越。在科可波的近岸处还有一架三菱零式战斗机（Mitsubishi Zero）。

巴布亚新几内亚的海域中有多种多样的飞机残骸，还有一些有趣的战时沉船，其中有许多尚待发现。

克里斯托弗·巴特利特／摄

位于新汉诺威岛附近水域的三兴丸号沉船

瓜达尔卡纳尔岛战役中的柯立芝总统号

柯立芝总统号最后一次航行是在 1942 年的瓜达尔卡纳尔岛战役中。

克里斯蒂安·思库格 / 文

1931 年 2 月，在纽波特纽斯造船及船坞公司的航道上，一艘大船下水了。船体全长 1875 米，满载排水量为 21936 吨，金元轮船公司（Dollar Steamship Lines）计划将其打造为一艘豪华远洋邮轮。它被命名为柯立芝总统号（SS President Coolidge），以纪念美国第 30 任总统卡尔文·柯立芝。它与一年前完工的姊妹船胡佛总统号（SS President Hoover）一起，成为当时美国最大的商船。

经过几个月的装配和准备，柯立芝总统号于 1931 年底首航，从旧金山的港口出发，经日本神户和中国上海前往菲律宾马尼拉。船上设施完备，有钱的乘客可享用宽敞的特等舱，舱内有私人电话、美容沙龙、可口的美食和冷饮柜，顶层甲板上还有两个泳池。除太平洋路线外，柯立芝总统号还进行了数次环球航行，经巴拿马运河返回。它是一艘高速邮轮，航行速度达 20.5 节，配有两个巨大的蒸汽涡轮发电机，为两个巨大的螺旋桨轴上的电动机提供动力。

20 世纪 30 年代末期，因金元轮船公司陷入财务困境，柯立芝总统号由美国总统轮船公司（American President Lines）接手。在日本侵占中国东北后，西太平洋的局势日益紧张。1940 年，这艘豪华邮轮被用来从中国香港及亚洲其他地方撤离美国公民。

克里斯蒂安·思库格 / 摄

这座漂亮的圣母雕像上刻着一位骑着独角兽的女士，它曾经被悬挂在邮轮头等舱的餐厅内

在服役于美国海军后，它被漆成了灰褐色，辉煌时代一去不返。

1941 年 6 月，它成为军队运输船，用于增援美国在太平洋的驻军。1941 年 12 月，日本袭击珍珠港后，它负责将伤势严重的海军队员从夏威夷撤离。此后它加入了前往澳大利亚的船队，负责运输士兵、弹药和其他补给。1942 年，经改装后的柯立芝总统号可容纳 5000

多名士兵，并装配了数门防护枪炮。在服役于美国海军后，它被漆成了灰褐色，辉煌时代一去不返。

1942年10月26日，柯立芝总统号驶往瓦努阿图的圣埃斯皮里图岛，船上载员5340人。岛上已建起一个大型基地。因担心遭受日本潜水艇袭击，船长亨利·纳尔逊选择在靠近卢甘维尔时经主航道行驶，未料到这里已被布雷。一枚水雷击中引擎室，猛烈的爆炸使这艘巨型轮船遭到了重创。数分钟后船尾下方再受一击。纳尔逊船长知道，这艘船将会沉没，他别无选择，只得调转航向以挽救船上人员及所载补给。

不可思议的是，船上5340人中仅有两人丧生，其余人均安全撤离。在船首次被水雷击中时，消防员罗贝尔·里德因正在引擎室值班而不幸罹难，而另一位船长埃尔伍德·约瑟夫·尤尔特在再次返回船上协助救援医务室人员时未能从船上撤离。因为有珊瑚礁，该船无法靠岸，在约一个半小时后滑离珊瑚礁，向左舷侧严重倾斜，随后沉没并滑进了海沟中。

战后，沉船上的很多物品被打捞，包括螺旋桨叶、船用油、弹药和铜管。自1983年起，该沉船受到保护，所有打捞、复原及物品搜寻行为均被严令禁止。据报道，一位潜导发现了尤尔特船长完好无损的遗体，以及尤尔特船长的身份识别牌和个人物品。2014年，人们将尤尔特船长的遗体打捞出水并为表达崇高敬意举行了军事葬礼。

将近80年过去了，经历数次地震，如今沉船已经滑向了更深

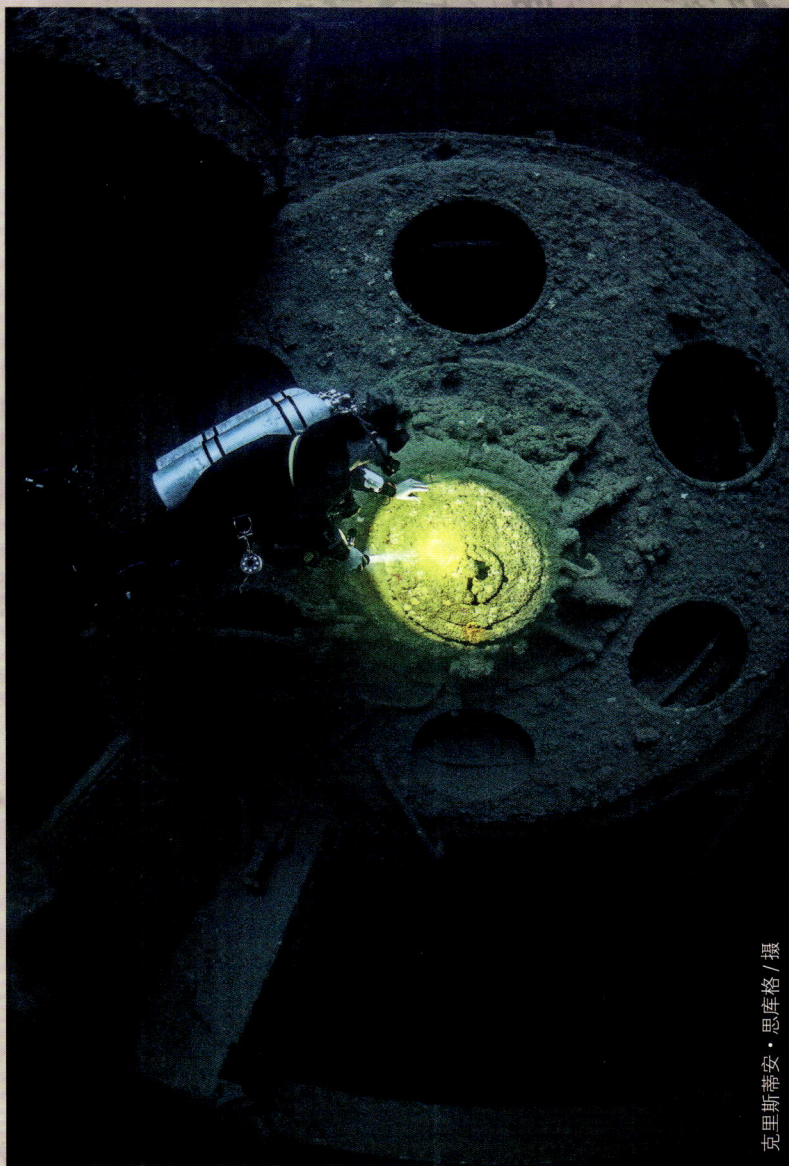

在蒸汽涡轮发电机飞轮旁的潜水者

克里斯蒂安·思库格/摄

处。它左舷朝下侧躺在水下21~72米处，潜水者可以在那里轻松体验震撼人心的沉船潜水。据称，柯立芝总统号是全世界能从岸边潜入的最大的沉船。从岸边游一小段后，巨大的船头赫然出现在下方，接着是巨大的船体，整艘船就像一幢侧立在海底的摩天大楼。如今，沉船的甲板是垂直于水面的，可供潜水者穿越。船上的巨大飞轮和其他细节仍清晰可见，位于水下44米处标志性的圣母雕像是任何到访沉船的潜水者必看的一处景观。左舷侧有几门大炮，其细节令人惊叹。再往深处，就进入了技术潜水的范围，水下54米处的瓷砖游泳池是另一处必看景观。倘若潜水者有相应的装备并具备一定的潜水经验，也可以潜到船尾一探壮观景象。

沉船潜水的专业装备

精挑细选，整装待发

1 Divesoft 自由侧挂系统

Divesoft 自由侧挂系统是要求苛刻的洞穴潜水者和沉船潜水者的理想选择。它是全功能侧挂气体供应循环呼吸系统，有一个带100% 备份系统的电子控制气体处理单元。该装备的外部有一个结实的钛机架。

2 Apeks XL4 呼吸调节器

Apeks XL4 是一款小巧又轻便的呼吸调节器，能适应不同的环境且能在具有挑战性的情形下使用。从独特的超平衡隔膜式设计，到气动平衡杠杆操作的提升阀，无不显示出 XL4 的定位。它性能高超，是技术潜水员进行技术探索时的理想选择。

3 Outlaw 浮力控制器

Outlaw 是一款总重不到 1.8 千克的背部充气式浮力控制器，专为偏好极简路线的高级潜水者设计。它肩部及腰部的 Modlock 链接装置，方便潜水者更换组件。此外，它提供了 27 种尺寸，以便所有潜水者穿上后都合身且舒适。

4 HECS 隐身湿衣

许多海洋生物能探测到微弱的电信号并做出反应，而 HECS 隐身湿衣（HECS Stealth Wetsuit）能够使人体释放出的电信号减弱。多环境伪装设计旨在让潜水者更好地接近处于自然状态下的海洋生物。这款湿衣由能够阻挡人体电信号释放的导电碳纤维制成，适合潜水者、鱼叉捕鱼者、海洋生物研究者和水下摄影师。

▶**5**

▲**6**

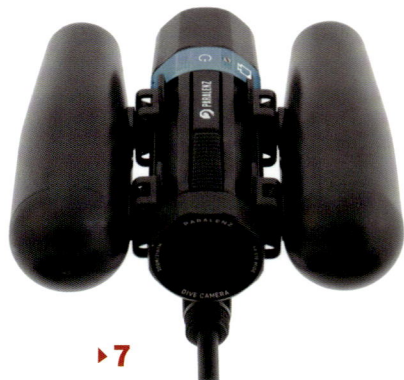

▶**7**

5 **佳能 Powershot G1 X Mark Ⅲ 相机**

　　这款相机采用了 2400 万像素 APS-C 画幅 CMOS 传感器和先进的全像素双核对焦技术，加载了诸多类似 DSLR 单反相机的功能，成像质量卓越。同时它也是一款小型数码相机，轻便易携。等效 24~72 毫米变焦镜头适合拍摄水下物体，且变焦范围可使用适当的微距镜头或广角镜头来扩展。它支持 Wi-Fi 和 NFC 连接，可与智能设备配对，轻松实现分享。

6 **佳能 Powershot G1 X Mark Ⅲ 相机防水壳（WP–DC56）**

　　这款相机防水壳专为佳能 G1 X Mark Ⅲ 相机设计，相机的重要功能均可通过防水壳在水下操作，包括变焦、曝光控制以及拍摄模式的选择。它的防水深度为 40 米，壳身由耐用的塑料聚合物制成，能让水下摄影师清晰地看到胶圈和壳内相机。它还配有散光片，允许使用相机的内置闪光灯拍摄水下物体。

7 **Paralenz 潜水相机第三人视角取景配件**

　　这款专为 Paralenz 潜水相机设计的配件（Paralenz 3rd Person Viewer）为水下录像提供了全新选择。将 Paralenz 潜水相机安装在配件中的可伸缩杆上，并将伸缩杆固定在浮力控制器上，潜水者就拥有了一位"私人录像师"，能够让潜水者在录像时将自己也录进去。

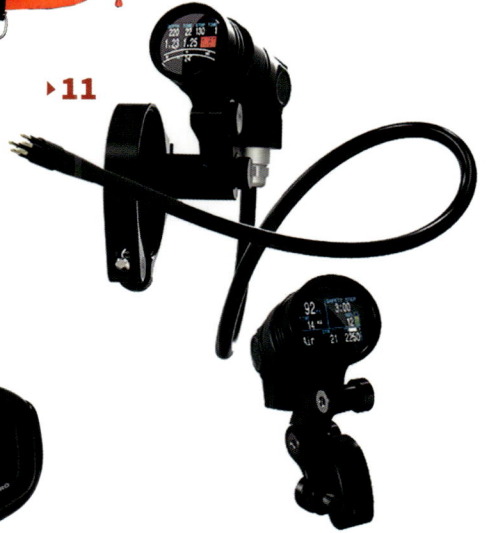

8 Helios 凯夫拉皓白色浮力控制器

高性能和耐用是所有 Helios 浮力控制器的共同特征。Helios 凯夫拉皓白色浮力控制器（Helios Curio Kevlar White）具有可提供 28 磅（12.70 千克）浮力的单瓶背部气囊，以及由高强度 420D 特殊涂层的尼龙材料制成的内气囊，且充气阀和防暴阀内外接缝经过特殊处理，坚固而美观。此外，它有一个 16 寸的 EPDM 技术潜水低压管安装在 K 型充气阀上。

9 Tecline 甜甜圈特别版背飞

Tecline 的甜甜圈特别版背飞（Tecline Donut Special Edition）为双层结构，含防撕扯尼龙外层以及由抗老化、抗断裂的织物做成的可更换内层。独特的设计能让潜水者拥有更好的水平姿态，更轻松地整理管线，更安全地携带减压瓶等额外装备。泄气阀位于左下角非常显眼的地方，便于潜水者轻松又高效地进行浮力控制。

10 Scubapro Zoom EVO 面镜

Zoom EVO 是 Scubapro 品牌中的双镜片面镜，有 6 种颜色可选，裙边是黑色款或透明的。它采用全新的镜片更换系统，潜水者无须任何工具即可在不到一分钟时间内完成镜片的更换。

这款面镜适合所有的潜水者，但对需要光学镜片的潜水者更具吸引力。面镜容积小，视野开阔，佩戴起来也很舒适。

11 Shearwater the Nerd 2 眼前显示器

Shearwater 再次为潜水爱好者研发出了新一代的眼前显示器。Nerd 2 拥有更强的灵活性及可靠性，将为潜水旅程带来更多自由。适用于大部分呼吸调节器的通用支架可将 Nerd 2 固定在潜水者的视线范围内，重要潜水信息一目了然。

全新的 Nerd 2 拥有迷你 LCD 显示屏及具有放大效果的透明镜片，效果有如观看 12 英尺（3.66 米）以外的 25 英寸电视屏幕。充电 4 小时便能让 Nerd 2 在中等屏幕亮度下持续工作 18 小时。

应该 做足准备。进行沉船潜水前你需要做充分的准备——练习潜水技巧，购买合适的装备，做一些研究，选择经验丰富的潜水中心，这些都至关重要。

应该 雇佣潜导。经验丰富的潜导对潜点了如指掌，能确保你获得安全而愉快的潜水体验。

应该 留意危险。被缠绕或划伤及迷路等都是真实存在的风险。确保你已接受恰当的训练，足以应对突发状况。

为沉船潜水做好准备

虽然并非尖端科学，但沉船潜水远比一般潜水更具挑战性。以下小贴士有助于你为沉船潜水做好准备。

不应该 带走任何"纪念品"。沉船是水下博物馆，有些还是墓地。你应对沉船持尊敬态度，只留下你呼出的气泡即可。

不应该 在经验不足的情况下穿越沉船。你需要经过高强度的专业训练才能进行沉船潜水。如果你尚不具备相应的经验或技巧，那就留在沉船外面欣赏它的美。

不应该 忽视装备。如果你已接受训练，还应确保有恰当的装备。你的装备清单应包含亮度足够的必备光源和备用光源、好用的切割工具、充足的气量、线和线轴。提前进行保养，确保你的装备状况良好。

应该 了解相关历史。了解沉船的历史会使你获得更好的潜水体验。

应该 进行一次试潜。确保配重恰当及装备功能完好。

应该 改进踢腿技巧。蛙踢技巧能帮助潜水者避免搅动泥沙而造成"浑浊一片"的情形。在确保不会破坏船体结构的前提下，有些经验丰富的潜水者甚至会采用"牵引滑行"的技巧。

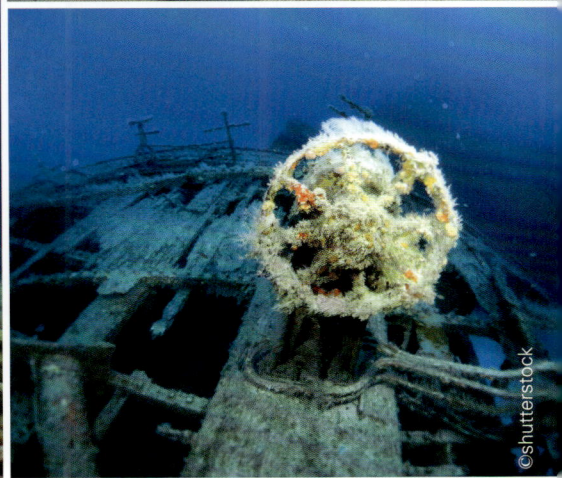

不应该 自满。无论你曾在某艘沉船上潜水多少次，每一潜均应保持警觉，这一点很重要。你要制订好潜水计划，并与潜伴提前沟通潜水手势。

不应该 任务过多。沉船潜水比珊瑚礁潜水更具挑战性。如果你发现某次潜水行程安排得过于紧凑，不要勉强自己并令整个团队陷入风险。你应对自己的能力有清醒的认知。

不应该 忘记"三分之一原则"。大多数经验丰富的潜水者在进行沉船潜水时都会遵守控制气量的"三分之一原则"。记住，三分之一的气体用于探索沉船，三分之一的气体用于离开沉船，剩下的三分之一气体用于执行安全停留和升水。

东南亚最佳潜水目的地

探索"海上亚马孙"

史瑞亚·阿恰雅 / 文

东南亚有全球生物多样性最丰富的珊瑚礁，潜水者可以在这里获得最佳潜水体验。这里生活着最微小、最罕见的海洋生物，有大型远洋鱼类和巨大的鱼群，而且潜点类型多样，适合任何级别的潜水者。

在菲律宾邦劳岛，潜水者饶有兴致地注视着一大群鲹鱼

菲律宾

菲律宾共有 7641 座岛屿，有成千上万的潜点，一年四季均适合潜水。这里有壮观的珊瑚礁，有鲸鲨和蝠鲼，还有被联合国教科文组织列入《世界遗产名录》的水下景观。在这里，太平洋水晶般清澈的海水会令你流连忘返。

阿尼洛

亮点：体验垃圾潜，进行微距摄影。

阿尼洛位于吕宋岛西南方的八打雁省，距马尼拉 2.5 小时车程。阿尼洛海水较为平静，一直以来都是当地潜水者的最爱。据说阿尼洛还是整个菲律宾的潜水发祥地。

阿尼洛不仅受到当地潜水者的喜爱，作为水下微距摄影胜地，它在海外潜水者中也颇负盛名。阿尼洛被誉为"垃圾潜的天堂"，这里的潜点，如神秘湾（Secret Bay）、马比尼码头（Mabini Pier）和亚瑟岩（Arthur's Rock），拥有大量上镜的小生物。

毛䲁鱼、瞻星鱼、罕见的海蛞蝓甚至龙王鮋，在阿尼洛都很常见。如果你不喜欢垃圾潜，也有沉船、位于松布雷诺岛（Sombrero Island）的珊瑚花园以及位于阿波斯（Apohls Point）浅水区的海底山供你探索。阿尼洛潜点类型多样，任何级别的潜水者都能在这里找到乐趣。

在阿尼洛拍到的黄横带磨塘鳢（Trimma cana）

- **潜水经验等级**：适合初级至高级潜水者。
- **最佳潜水时间**：当年 11 月至次年 5 月。
- **能见度**：15~20 米。
- **水温**：通常为 27.5℃，1~2 月可能降至 25℃。
- **如何抵达**：走陆路或海路都可以到达阿尼洛，最方便的就是从马尼拉出发。先从马尼拉乘坐开往八打雁市的长途汽车前往马比尼或巴万，然后换乘吉普尼前往马比尼港口，再乘出租车或包车前往阿尼洛的潜水度假村。

潜水者正在科伦探索第二次世界大战时期的沉船

科伦

亮点：体验沉船潜水。

科伦被誉为"沉船潜水胜地"，沉船和战争历史令此处颇具吸引力。布桑加和库利昂之间的航道长眠着几艘壮观的日本补给船，它们是第二次世界大战期间被击沉的。

卡拉棉群岛（Calamian Islands）位于巴拉望省北部，有80多座大小岛屿，科伦是其中的第三大岛。科伦湾不仅因几艘保存良好的第二次世界大战时期的沉船而闻名，水下生态系统也得到了很好的保护，有着得天独厚的水下峭壁、生机勃勃的珊瑚和丰富的海洋生物。

🤿 **潜水经验等级：**适合中级至高级潜水者。

📋 **最佳潜水时间：**当年10月至次年6月。

🔭 **能见度：**7~20米。

🌡 **水温：**27~30℃。

✈ **如何抵达：**先从马尼拉或宿务乘飞机到达布桑加，再乘车30分钟即可抵达科伦。

道因

亮点：观赏硬珊瑚墙，体验垃圾潜。

杜马格特位于内格罗斯岛，从马尼拉乘飞机前往仅需 1 小时。道因是杜马格特的潜水中心，这里所有的潜点都在海洋保护区内，均可进行岸潜。

道因的潜点有很多小生物，包括海龙、麒麟鱼、蝙蝠鱼幼鱼、海马、螳螂虾、彩虹鳗、铠甲虾、蛇鳗、斑马章鱼、四盘耳乌贼、海蛞蝓、蓝环章鱼、釉彩蜡膜虾和火焰乌贼等。

- 潜水经验等级：适合初级至高级潜水者。
- 最佳潜水时间：当年 10 月至次年 6 月初。
- 能见度：10~15 米。
- 水温：有时高达 31℃，年底水温会下降至 26~28℃。
- 如何抵达：可以从马尼拉乘飞机到杜马格特机场，杜马格特的潜水度假村可以提供接机服务。

杜马格特的海域中生活着大量不同种类的小生物

马拉帕斯卡岛

亮点：进行微距摄影，观赏长尾鲨和蝠鲼。

马拉帕斯卡岛俗称"妈妈拍丝瓜岛"或"妈妈岛"，因为经常有长尾鲨出没而闻名。该岛位于珊瑚礁三角区，地理位置得天独厚。在这里潜水你不仅可以欣赏漂亮的珊瑚，还能看到各种海洋生物，大到鲨鱼、海蛇，小到麒麟鱼、豆丁海马。马拉帕斯卡岛是名副其实的微距摄影天堂。

马拉帕斯卡岛最著名的潜点是摩纳德暗礁（Monad Shoal）。这是一个水下小岛，边缘是深入水下 200 米的峭壁。最可能遇到长尾鲨的深度是 22~27 米，意味着高氧潜水者更有优势。在这里，你也可能遇到蝠鲼和鹰鲼，1~4月还可能遇到锤头鲨。需要注意的是，只有进阶开放水域潜水者（AOW）及更高等级的潜水者才有机会前往这里潜水。

灯塔（Light House）潜点是晨潜或黄昏潜的好去处，你有很大机会在这里看到令人印象深刻的麒麟鱼交配场景。潜水过程中，随着夜幕降临，夜行生物纷纷现身，仔细观察可能就会发现四盘耳乌贼、章鱼、甜唇鱼幼鱼、海龙、蟹类和各种海马。

热情友好的当地人，令人着迷的日落，丰富多样的水下生物，造就了马拉帕斯卡岛这一片乐土。

潜水经验等级：适合初级至高级潜水者。

最佳潜水时间：当年 2 月至次年 9 月。

能见度：5~30 米。

水温：1 月水温约 25℃，随后逐渐升高，5 月水温可达 29℃。

如何抵达：每天都有航班从马尼拉飞往宿务。先乘飞机到宿务，然后乘汽车 4 小时，再坐船 30 分钟，即可抵达岛上的潜水度假村。

@Shutterstock

一条长尾鲨从珊瑚礁上方游过

@Shutterstock

在马拉帕斯卡岛拍摄的海马

墨宝

亮点：体验沙丁鱼风暴，进行微距摄影。

墨宝位于菲律宾海洋生物多样性最丰富的区域，有健康的珊瑚礁和水下峭壁，引来了鲷鱼、杰克鱼、梭鱼、沙丁鱼、礁鲨、金枪鱼和海龟，长尾鲨也常来光顾，偶尔甚至有鲸鲨出现。这里的小生物数不胜数，有豆丁海马、海蛞蝓、火焰贝、乌贼、剃刀鱼和青蛙鱼，还有种类繁多的甲壳动物。

佩斯卡多尔岛是一座受保护的海洋公园，也是著名的潜水目的地。这座小岛上有狭长的通道和洞穴可供穿梭，简直就是潜水者的游乐场。这里有很多鱼类，如灰三齿鲨、梭鱼、沙丁鱼、杰克鱼，偶尔也有长尾鲨出没。

在帕纳格萨玛岩礁（Panagsama Reef）潜点，有一片延伸至水

下 40 米处的陡峭的斜坡，在这里你能看到成千上万的沙丁鱼，它们被金枪鱼和杰克鱼追捕猎食，形成了形状变化万千的沙丁鱼风暴。在逐渐上升到浅水区执行安全停留的过程中，你会看到五线雀鲷、角蝶鱼、鹦嘴鱼、鲀鱼等各种海洋生物，偶尔也会遇到海龟。

潜水经验等级： 适合初级至高级潜水者。
最佳潜水时间： 当年 11 月至次年 4 月。
能见度： 10~30 米。
水温： 全年稳定在 28~29℃。
如何抵达： 每天都有航班从马尼拉飞往宿务。墨宝距离宿务 90 千米，可乘坐长途汽车或出租车前往。

在墨宝观看沙丁鱼风暴是不可多得的体验

@Shutterstock

一条在珊瑚礁上游动的海蛇

海豚湾

亮点： 观赏远洋鱼类，进行微距摄影，体验放流潜水。

佛得角岛通道位于珊瑚礁三角区的中心，是分隔民都洛省和八打雁省的一道海峡。海豚湾大部分潜点都是沿着这道海峡分布的，海峡中海水清澈，水流较强。这里有独特的地形和水况，适合以放流潜水的形式探索深不见底的水下峭壁。

大峡谷（The Canyons）潜点由 3 座峡谷构成。这里有成群的鲹鱼、石斑鱼、鲷鱼和梭鱼，巨型海扇和丰富的软珊瑚使得这里五彩缤纷。在这里潜水时你要留意海龟、海蛇、伪装的章鱼、礁鲨，这些动物可能会突然冒出来，一闪而过。

如果你是微距摄影师，一定

🤿 **潜水经验等级：** 适合初级至高级潜水者。

📅 **最佳潜水时间：** 当年 4 月至次年 9 月。

🔭 **能见度：** 20~30 米。

🚣 **水温：** 12 月温跃层以下只有 23℃，夏天可上升至 29℃。

✈️ **如何抵达：** 先从马尼拉机场乘长途汽车或出租车到八打雁码头，再转乘前往沙璜的船，或者乘水上飞机直接到达海豚湾。

不能错过灯塔峭壁（Sinandigan Wall）潜点。这里有一面迷人的水下峭壁，延伸至水下 30 米。沿着水下峭壁继续向前是一片缓坡，你可以在色彩斑斓的软珊瑚丛里寻找微距生物和正在休息的海龟。

@Shutterstock

在莱特岛南部海域的水面上，一条鲸鲨正在捕食

莱特岛

亮点：进行微距摄影，观赏鲸鲨。

　　莱特岛有 4 个地方可以潜水，都在岛屿南部。

　　利马萨瓦岛（Limasawa Island）适合所有级别的潜水者，这里有大峡谷、水下峭壁和健康的珊瑚礁可供探索。但需要注意的是，这里的水流可能很强。

　　当年 11 月至次年 5 月，在帕纳翁岛（Panaon Island）和索戈湾（Sogod Bay）可能会见到鲸鲨。没有鲸鲨的时候，鲸鱼、海豚和蝠鲼也可能出现在这里。

　　在帕纳翁岛北边的利巴岗（Libagon），你可以在水下观赏蝠鲼、鲸鲨和海豚。

　　总之，在莱特岛南部的海域，沿岸遍布着各种潜点，梭鱼、甜

潜水经验等级：适合中级至高级潜水者。

最佳潜水时间：当年 11 月至次年 5 月。

能见度：20~30 米。

水温：26~30℃。

如何抵达：先乘坐菲律宾航空（Philippine Airlines）或宿务太平洋航空（Cebu Pacific Air）的航班飞往塔克洛班机场，然后乘出租车、迷你巴士或公共汽车前往莱特岛。菲鹰航空（AirPhil Express）和飞龙航空（Zest Airways）已不再运营。塔克洛班市有正规出租车可以乘坐。

唇鱼、黄尾梅鲷、金枪鱼和杰克鱼等鱼类形成的鱼群风暴是日常风景。这里还有特别美的软珊瑚和硬珊瑚。

蒂考岛

亮点： 观赏蝠鲼、长尾鲨和鲸鲨。

蒂考岛是潜水者和水下摄影师的天堂，在这里可以观赏远洋鱼类、令人惊艳的软珊瑚和微距生物。这里还有几艘沉船，可满足技术潜水员的需求。

在蒂考岛和附近的多座岛屿之间的一条主要迁徙路线上有一大片浅滩，浅滩上覆盖着一片面积约7公顷的平坦珊瑚礁，这片被珊瑚礁覆盖的区域被称为蝠鲼碗（Manta Bowl）。这里的海水是从蒂考岛和布里亚斯岛冲刷过来的，海水中富含浮游生物。因为有不停流动的新鲜海水，这里变成了蝠鲼的清洁站和觅食点，鲸鲨也喜欢光顾这里。

圣米格尔（San Miguel）和尤道克（Udoc）是两座无人岛，位于蒂考岛北边。这两座岛上有17个潜点，这些潜点各具特色，但都有漂亮的珊瑚和大量微距生物。

@Shutterstock

蒂考岛的长尾鲨

@Shutterstock

蒂考岛的蝠鲼

🤿 **潜水经验等级：** 适合中级至高级潜水者。

📅 **最佳潜水时间：** 全年均可来此观赏蝠鲼和进行微距摄影，7~10月是观赏长尾鲨的季节，当年11月至次年6月是观赏鲸鲨的季节。

🔭 **能见度：** 18~25米。

🌡 **水温：** 26~30℃。

✈ **如何抵达：** 先乘菲律宾航空或宿务太平洋航空的航班飞往马斯巴特（Masbate），然后乘渡轮上岛。

@Shutterstock

印度尼西亚

印度尼西亚境内有全球 25% 的鱼类和全球 15% 的珊瑚礁，是世界上海洋生物多样性最丰富的地区之一。印度尼西亚位于珊瑚礁三角区的中心地带，由 17500 多座岛屿组成，堪称潜水者的天堂。

拉贾安帕特群岛

亮点：观赏壮观的珊瑚礁和罕见的海洋生物，体验沉船潜水。

拉贾安帕特群岛又称四王群岛，由 1500 多座岛屿组成。这里的海域是全球海洋生物多样性最丰富的海域之一，有 1500 多种鱼类和 550 种珊瑚，物种数量是已知数量的四分之一。当地人口集中分布于 4 座主岛上，分别是卫吉岛（Waigeo）、米苏尔岛（Misool）、萨拉瓦蒂岛（Salawati）和巴丹塔岛（Batanta）。大部分潜水度假村位于拉贾安帕特群岛北部，通常只能以船宿的方式探索拉贾安帕特群岛南部。

拉贾安帕特群岛的潜点多种多样，但无论你选择

哪个潜点，都有机会看到豆丁海马环绕在你身边，蝠鲼和须鲨从你眼前滑过，海龟自由自在地游弋，金枪鱼、大型鲹鱼、鲷鱼、圆燕鱼、梭鱼成群结队地出没。

你一定要去克瑞角（Cape Kri）看看万花筒般绚烂的软珊瑚和硬珊瑚，它们生机勃勃，非常健康。你还可能在这里看到污翅真鲨和灰三齿鲨优雅地游过。如果下潜得更深一些，你会看到玻璃鱼风暴。沉船爱好者一定不能错过十字沉船（Cross Wreck），它是拉贾安帕特群岛最容易探索的沉船之一。它曾是日本海军的一艘巡逻舰，于第二次世界大战期间在近岸沉没。如今船体上长满了珊瑚，很多鱼类，如狮子鱼、海鳗、波纹唇鱼（苏眉）、隆头鹦嘴鱼以及各种海蛞蝓在沉船上安了家。这艘沉船可作为沉船潜水爱好者的入门之选。

潜水经验等级：适合中级至高级潜水者。

最佳潜水时间：当年 10 月至次年 4 月。

能见度：10~30 米。

水温：28℃左右。

如何抵达：离拉贾安帕特群岛最近的机场是索龙的多米尼克爱德华·奥索机场（Dominique Edward Osok Airport）。雅加达、望加锡、美娜多作为国际中转站，均有直飞航班前往索龙。巴布亚省最大的城市查亚普拉每天也有航班飞往索龙。

科莫多国家公园

亮点：体验放流潜水，观赏珊瑚礁和蝠鲼。

作为联合国教科文组织评定的世界遗产，科莫多国家公园不仅有长得像恐龙的科莫多巨蜥，蝠鲼、鲨鱼、鱼群风暴、多彩的珊瑚也不容错过。

科莫多国家公园北部的海底山是观赏鲨鱼的好地方。同时，因为众多岛屿之间的水道错综复杂，水流非常强劲，你也可以在这里体验惊心动魄的放流潜水。

玛卡萨岩礁（Makassar Reef）是最有意思的潜点之一。这是一条长达 2 千米的风景独特的水道，在强劲水流的冲刷之下，水里的石头奇形怪状，凹进去的像弹坑，凸出来的像丘陵，去过的人都说这里像月球表面。科莫多国家公园有数量众多的小生物，满足了微距摄影爱好者的需求。在一些海况平静的潜点，据说有上万种微距生物隐居在缓坡或健康的软珊瑚和硬珊瑚间。

潜水经验等级： 适合中级至高级潜水者。

最佳潜水时间： 全年均可潜水。

能见度： 20~30 米。

水温： 25~28℃。

如何抵达： 你可以从巴厘岛、拉布汉巴焦或比马出发前往科莫多国家公园。如果你乘飞机前往拉布汉巴焦或比马，需要在巴厘岛转机。巴厘岛是这个地区的交通枢纽。

蝠鲼出现在科莫多国家公园的一个清洁站

记得给科莫多巨蜥也拍上几张照片

各种各样的珊瑚在瓦卡托比国家公园争夺生存空间

瓦卡托比国家公园

亮点：观赏珊瑚礁，体验峭壁潜水，进行微距摄影。

瓦卡托比国家公园包括 4 座主岛，分别是万吉万吉岛（Wangi-Wangi）、卡莱杜帕岛（Kaledupa）、托米阿岛（Tomia）和比农科岛（Binongko）。瓦卡托比国家公园拥有全球数一数二的珊瑚礁和水下峭壁，以环礁和堡礁闻名，这里 50 多个壮观的潜点均能从 4 座主岛轻松前往。

这里是大小鱼类的栖息地，是海豚、海龟、海鳗和鳐鱼的游乐场，有时甚至会出现鲸鱼。

据称，瓦卡托比国家公园有 900 多种鱼类和 750 种珊瑚，相比之下，埃及的红海只有 300 种珊瑚。众所周知，这里有印度尼西亚最大的堡礁群落，其壮观程度仅次于澳大利亚的大堡礁。

更妙的是，你无须乘船出海就可以欣赏瓦卡托比水下的美景。潜水度假村的房礁为各种各样的鱼类、海鞘、海鞭、海绵、海葵虾、蟹类、海蛞蝓等提供了

- **潜水经验等级：**适合初级至高级潜水者。
- **最佳潜水时间：**当年 3 月至次年 11 月。
- **能见度：**20~60 米。
- **水温：**26~30℃。
- **如何抵达：**每 5~7 天有从巴厘岛国际机场飞往瓦卡托比潜水度假村的专机。

栖息地，任何级别的潜水者均可在此潜水。潜水新手们会喜欢名叫罗马（Roma）的潜点，这里有美丽的珊瑚花园，海蛞蝓、多鳞霞蝶鱼、五线雀鲷、笛鲷、红牙鳞鲀、蓝灰扁尾海蛇、篮子鱼、海龟等生活在珊瑚花园里。

69

马来西亚

马来西亚适合各级别的潜水者，尤其是新手，因为这里的海况总体比较平静，珊瑚礁也保护得很好。马来西亚有很多令人惊叹的潜点，主要分布于马来西亚半岛和马来西亚婆罗洲，吸引着全世界的潜水爱好者。

马来西亚半岛有一些全球著名的海岛，诸如东海岸的大停泊岛、小停泊岛、热浪岛、刁曼岛和西海岸的兰卡威岛。这些岛屿都有雪白的沙滩、丰富的海洋生物和生机盎然的珊瑚礁。

位于马来西亚婆罗洲北部的沙巴州有全球数一数二的能够看海洋"大货"的潜水胜地——诗巴丹岛和拉央拉央岛，垃圾潜爱好者也能在天堂般的马布岛找到乐趣。不过，这里的潜点更适合经验丰富的潜水者。

马来西亚半岛东海岸的最佳潜水季节为 4~10 月，西海岸则是当年 11 月中旬至次年 4 月中旬。沙巴州全年均可潜水。

在诗巴丹岛，一条灰三齿鲨穿梭在杰克鱼风暴中

刁曼岛健康的珊瑚

一名男子正在柬埔寨清澈的蓝绿色海水中畅游

柬埔寨

柬埔寨看起来不像是潜水胜地，多年以来，未曾听说它与海洋旅游业有什么关系。但正因为它未被开发和探索，具有原始之美，才吸引着潜水者来这里一探究竟。

在高龙岛和高龙撒冷岛之间有一个较小的岛——高昆岛（Koh Koh），这里有两个主要的潜点。西边的潜点有多彩的珊瑚、大型鹦鹉鱼、箱鲀和大群黄带拟羊鱼。南边的潜点比较浅，是夜潜的热门地点，能看到猫鲨、虹鱼和各种鳗鱼。

孔多尔岩礁（Condor Reef）是柬埔寨最佳潜点之一，这里能见度很高，有天然形成的水下壶穴，潜水者能在这里遇见鲨鱼和大型远洋鱼类。运气好的话，说不定能见到鲸鲨。

6~10 月是柬埔寨的雨季，当年 11 月至次年 5 月是旱季。柬埔寨全年水温稳定在 28~30℃，因此全年均可潜水。

泰国

泰国是东南亚最佳潜水目的地之一，在这里，大型海洋哺乳动物、微距生物和壮观的沉船应有尽有。

涛岛是泰国湾数一数二的潜水胜地。涛岛在泰语中意为"龟岛"，这里有令人惊叹的珊瑚，不仅是海龟的家园，还经常有鹰鳐、礁鲨、梭鱼甚至鲸鲨出没。这里有 25 个潜点，都只能以船潜的方式进行探索。风帆石（Sail Rock）潜点有水下峭壁、海底山和珊瑚花园，生长着五彩斑斓的软珊瑚，有经验的潜水者一定不能错过。珊瑚花园中有很多海洋生物，包括海鳗、天使鱼、蝎子鱼、烟管鱼、海蛞蝓、甲壳动物以及其他微距生物。在这个潜点较深的水域，潜水者可能会遇到远洋生物，如鲸鲨、礁鲨和豹纹鲨。

安达曼海有泰国最著名的潜点。中级和高级潜水者一定要去一趟斯米兰群岛。斯米兰群岛是泰国的国家海洋公园，只能以船宿的方式进行探索。你可以在这个美得令人惊叹的地方玩上两个星期。你不仅能在这里看到玳瑁、豹纹鲨和污翅真鲨，还能在珊瑚礁周边看到梭鱼、巨型海鳗、海蛞蝓、粒突箱鲀、章鱼、拟态革鲀、狮子鱼、褐拟鳞鲀等。

泰国的雨季是 5~9 月，旱季是当年 11 月至次年 3 月中旬。不过泰国全年均可潜水，其中泰国湾的最佳潜水季节是 5~9 月，安达曼海则是当年 10 月至次年 4 月。

涛岛的一只巨大的砗磲

涛岛的横带唇鱼

文莱一艘第二次世界大战时期的沉船上，一只从管子里探出头的章鱼

文莱

　　未被污染的海水、壮观的沉船和健康的软珊瑚，这些对你是否有吸引力？如果有，你应该去文莱看看。这里有 60 多个潜点，它们大多与世隔绝、未被开发，鲜有潜水者到访。

　　文莱吸引着两类潜水者，一类是微距摄影爱好者，一类是喜欢冒险的沉船潜水爱好者。文莱的珊瑚礁生机勃勃，孕育着各种生物，是微距摄影师的梦想之地。同时，这里有沉没于不同年代的 30 余艘船，它们沉睡在水下 15~70 米处。

　　阿巴纳礁（Abana Reef）潜点适合各级别的潜水者。这里既有大面积的各式软珊瑚和硬珊瑚，又有罕见的微距生物，比如蓝拳击虾、生活在海鞭上的蟹类和各种贝类。

　　在一处名为澳大利亚沉船（Australian wreck）的潜点，有一艘叫作德克勒克号（SS De Klerk）的沉船。德克勒克号建造于 1909 年，原为荷兰客货两用船。这艘沉船非常适合经验丰富的潜水者探索。它同时也是一座战争坟墓，你甚至能在沉船上看到人的骸骨和手铐。这个潜点距离穆阿拉港约 25 分钟船程，距离阿巴纳礁仅 10 分钟船程。这个潜点的深度不超过 10 米，能见度总是比文莱其他潜点略低一些。

　　文莱最佳潜水季节是 3~11 月，此时正值旱季。这期间海况平静，能见度高，水温为 25~28℃。

越南芽庄一只躲在海葵里的蟹
@Shutterstock

越南

　　越南有长达 3500 千米的海岸线，有很多独特的海洋生物和蔚为壮观的水下景观，堪称潜水者的天堂。

　　芽庄是越南首屈一指的潜水胜地。在清澈平静的海洋里，你有机会看到 350 种珊瑚和各种有趣的生物。马多娜岩（Madonna Rock）潜点有巨型海鳗、狮子鱼、章鱼、玻璃鱼，有令人目不暇接的微距生物，还有引人入胜的洞穴可供探索。

　　富国岛的潜水旅游业近几年逐步得到了开发，这里特别适合新手，同时又能给微距摄影爱好者带来有趣的挑战。洪科（Hon Ko）是一个比较显眼的潜点，从船上就能看到那里有一些突出水面的石头。这个潜点的珊瑚礁上生活着鳐鱼、斑竹鲨、海蛞蝓、鲇鱼、蝎子鱼等。

　　越南中部和西南部沿岸的最佳潜水时间是 2~10 月，富国岛和昆岛则是当年 11 月至次年 3 月。

黄金潜水胜地

皮耶特吴昂（Pyiet Oo Aung）/文

皮耶特吴昂/摄

缅甸

缅甸应该成为你下一个潜水目的地

　　缅甸人口约 5400 万，历史源远流长，文化底蕴丰厚。从北到南，从东到西，从冰山到原始海洋，对世界各地的"驴友"而言，缅甸是一站式的旅游目的地。

　　你热爱登山吗？这里的克钦邦有海拔 5000 米以上的冰山，常年被冰雪覆盖。

　　你对历史和文化感兴趣吗？这里的蒲甘古城被列入了《世界遗产名录》。

　　作为摄影师，你想拍当地人用脚划船吗？那么你一定要去掸邦的茵莱湖（Inle Lake）看看。

　　当然，除了游览这些神奇的地方，你最应体验的，无疑是水肺潜水。

科克斯科姆群岛（Cocks Comb Island）有被群山环绕的宝石般的潟湖，因此也被称为"翡翠心岛"

缅甸有长达 2200 千米的海岸线，有不少著名的或即将崭露头角的潜点。潜水的地方大致分为 3 个区域：若开邦、伊洛瓦底省和德林达依省的丹老群岛。

若开邦有个绝美的海滩叫作卡帕里海滩，这里有几家潜水中心提供水肺潜水服务。乘汽车或飞机均可抵达卡帕里海滩。

伊洛瓦底省也有一些著名的海滩，如羌达海滩、维桑海滩。这里离仰光较近，交通更便捷，有一些不错的潜水中心。这里的大部分潜点适合新手。

压轴出场的是位于缅甸南部的德林达依省的丹老群岛。毋庸置疑，这里是缅甸乃至东南亚地区最令人印象深刻的潜水目的地之一，适合所有级别的潜水者。

丹老群岛有 800 多座岛屿，前往此处的最佳方式是搭乘飞机。丹老、土瓦和高当是丹老群岛的 3 个主要城市。在潜水旅游业方面，高当整体评价最高，潜水相关服务比较完善。

班克·瓦坦 / 摄

在丹老群岛著名的黑岩岛潜点，一位潜水者与一只蝠鲼同框

高当海岸附近的科克斯科姆群岛上的一只害羞的海龟

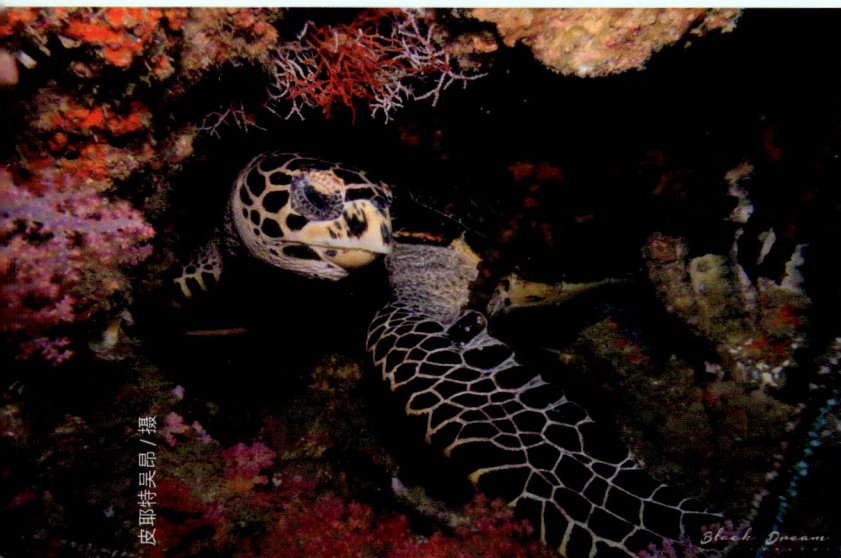

皮耶特吴昂 摄

高当是缅甸最南端的城市，这里的潜水选择多种多样，你可以参加潜水一日游或选择船宿。度假酒店的选择也非常多，你可以先养精蓄锐，待精力充沛时再去丹老群岛的美妙水域中潜水。

你如果要在高当住一晚，维多利亚悬崖（Victoria Cliff）酒店度假村是不错的选择。这个度假村坐落于一座名为尼亚乌菲（Nyaug Oo Phee）的岛上，度假村提供参观服务，岛上有个很不错的 PADI 潜水中心。

丹老群岛的北双峰能见度很高，是拍照的好地方

皮邸特吴昂／摄

丹老群岛的最佳潜点

黑岩岛（Black Rock）位于高当北部，从高当出发，至少需要 8 小时才能到达。这里位置偏远，意味着很少有渔船到访，因此并未受到人类活动影响。适中的水流使这里成为备受蝠鲼和鲸鲨青睐的清洁站。我在这里第一次见到了蝠鲼！根据潮汐不同，这里的能见度通常为 20~30 米。每年 2~4 月是在这里观赏大型鲨鱼和鳐鱼的最佳时间。

此外，我建议你一定要去北双峰（North Twin Pinnacle）看看。北双峰位于北双子岛附近，是一座海底山，能见度高达 30 米。蝠鲼和鲸鲨也经常在这里出没。我在这里第一次见到鲸鲨，它身旁还有 3 只蝠鲼，这感觉太奇妙了！我强烈建议你在这里待上一整天，潜水 3~4 次。

海扇森林（Fan Forest Pinnacle）这个潜点名副其实，有大片大片茂密的巨型海扇。这里能见度通常很高，但也取决于水流强度，如果有强流，能见度会低一些。你可以期待在这里看到更多的鲸鲨。我曾经在同一潜中遇见两条鲸鲨。

西岩礁岛（Western Rocky）离海扇森林不远，也是丹老群岛著名的潜点之一。这里有条长长的水下通道，能看到龙虾、海龟、青蛙鱼，鲸鲨也常出现在这里。享受潜水的过程中，你要留意深水区，也许有鲸鲨的身影！

海马城（Seahorse City）是浮潜者非常喜欢的一个潜点。这个潜点的名字，显然源于水肺潜水者发现了海马这种精致而脆弱的生物。幸运的话，你还会遇见礁鲨和海龟。

丹老群岛有成百上千个已被命名的潜点，前面提到的只是很小一部分。除了丹老群岛，缅甸其他地方也有无数潜点等待人们去发现。

认识海洋哺乳动物

史瑞亚·阿恰雅 / 文

海洋哺乳动物的特征

海洋哺乳动物拥有所有哺乳动物共有的特征：用肺呼吸，身体恒温，长有毛发（生命中的某些时期），用乳汁来哺育幼崽。它们一生或一生中的大部分时间生活在海洋里或海洋附近，生活环境与陆生哺乳动物的生活环境迥异。请跟我一起潜入神奇的水下世界，看看海洋哺乳动物是如何生存和繁衍的。

在扬·马特尔的畅销书《少年派的奇幻漂流》中，主人公派说，他的父亲在自己经营的动物园售票处旁边的墙上写着：你们知道动物园里最危险的动物是什么吗？旁边画了一个箭头，指向一幅窗帘，窗帘后面是一面镜子。作为人类，我们看任何事物都从自我角度出发。人类中心主义是一种本能——我们用自己的价值观和经验来解释世界。

这就是为什么当说到聪明的海豚、小狗般呆萌的海豹幼崽、毛茸茸的北极熊时，我们就会开心地尖叫，而瞪着眼睛的鱼类和椭圆形的生蚝就不会让我们这么兴奋。虽然生活在大海里，但海豚、海豹、北极熊是与人类最相似的物种。在这些动物身上，我们看到了自己的影子。所有哺乳动物都通过胎生方式繁殖，即受精卵在母体的子宫里发育成熟，由母体提供胚胎发育所需的营养。在分类学上，海洋哺乳动物分为4类：鲸类、鳍足类、海牛类、海洋裂脚类。鲸类和鳍足类动物大多数在春天交配和产崽，妊娠期为12~18个月。海豹通常每年产一崽。鲸类的繁殖周期较长，1~3年产一崽。鲸类幼崽出生时尾巴先出来，这样可以让它们的身体尽可能长时间地连着胎盘，以防缺氧。

全球海洋生态系统中都有哺乳动物的存在，它们具有独特的生理适应能力，能够在极端温度、深度、压力和低光照的海洋环境中茁壮成长。

海豹通常**每年产一崽**

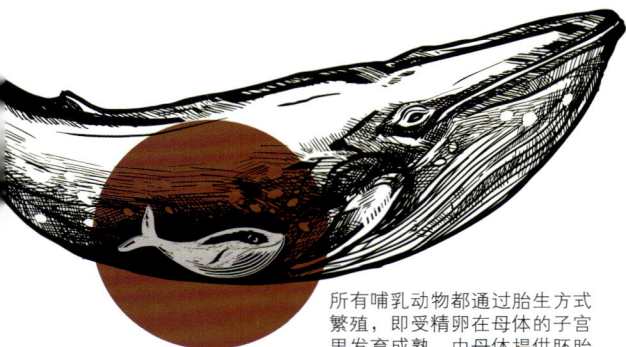

所有哺乳动物都通过胎生方式繁殖，即受精卵在母体的子宫里发育成熟，由母体提供胚胎发育所需的营养

鲸类的繁殖周期较长，**1~3年**产一崽

鲸类

海牛类

鳍足类

海洋裂脚类

你知道吗？

根据匹兹堡大学医学院的研究结果，海洋哺乳动物为适应海洋环境而进化的过程中，逐渐丧失了制造某种蛋白质的能力，这种蛋白质就是对氧磷酶（PON1）。通过 DNA 分析，研究人员发现，几乎所有的海洋哺乳动物都有对氧磷酶基因。对氧磷酶可以保护人类和其他陆生哺乳动物免受农药中的神经毒素的影响，可以快速分解普通化肥中的化学物质。然而，海洋哺乳动物的对氧磷酶基因已经退化，它们可能更容易受到农药和化肥的影响。如今，随着越来越多的农药和化肥流入海洋生态系统，海洋哺乳动物可能面临着致命威胁。

体形

有意思的是，海洋哺乳动物的体形通常都大于陆地上的近亲。最大的海狮与最大的熊相比，前者体形是后者的两倍。海牛在陆地上的近亲是蹄兔，而海牛比猫一样大的蹄兔重 500 千克。如此看来，蓝鲸成为世界上最大的动物，也就不足为奇了。

美国科学促进会的科学家认为，海洋哺乳动物作为恒温动物生活在海洋里，体形太小的话，无法维持体温。身体产生的能量与细胞数量成正比，体形小的动物无法产生足够的能量来弥补能量的散失。因此，在较冷的海洋里，体形越大越有利。

最大的海狮与最大的熊相比，前者体形是后者的两倍

海牛在陆地上的近亲是蹄兔，而海牛比猫一样大的蹄兔重 500 千克

500KG

30 米
蓝鲸

在南澳大利亚坎加鲁岛的海豹湾，一群澳大利亚海狮在海滩上玩耍

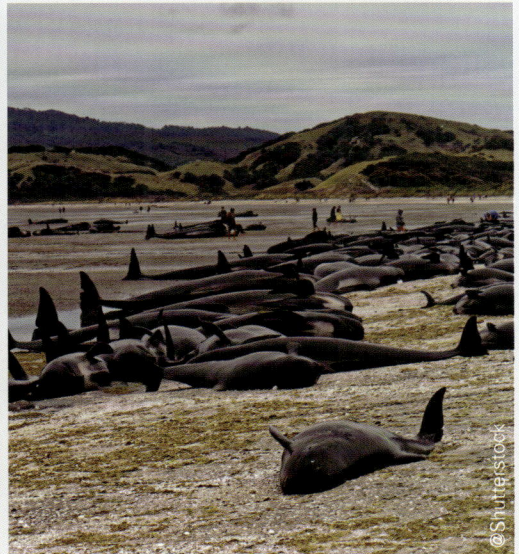

在新西兰南岛北端的送别角搁浅的领航鲸

海洋哺乳动物的种类

鲸类（包括鲸鱼、海豚和鼠海豚）

鲸类分为两个亚目，分别是须鲸亚目和齿鲸亚目。鲸类一生生活在海洋里，为了适应水下生活，它们发展出各种不同的特性。鲸类现存约 90 种。

鲸鱼

海豚

鼠海豚

你知道吗?

蓝鲸、座头鲸和灰鲸都是须鲸，其中，蓝鲸是地球上体形最大的动物。须鲸比多数齿鲸的体形都要大。须鲸上颌左右两侧的腭部至咽部生有呈梳齿状排列的角质须，它们用这些角质须过滤海水，将食物留在口中。因为须鲸只吃小型鱼类、磷虾以及其他可以过滤下来的动物，所以它们并不需要牙齿。须鲸有两个用于呼吸换气的外鼻孔。

虎鲸、白鲸和抹香鲸都是齿鲸。它们会发出叫声，接收反弹回来的声波，通过回声定位认路和寻找食物。齿鲸吃鱼、乌贼及其他动物，用牙齿撕扯和咀嚼。

虎鲸也被称为杀手鲸，因为它们有一定的攻击性。虎鲸以大型鱼类和海洋哺乳动物为食，比如它们会吃海豹，甚至其他鲸鱼也在它们的食谱之中。抹香鲸是为数不多有能力捕食巨型章鱼的大型动物之一。

须鲸

蓝鲸

座头鲸

灰鲸

须鲸只吃小型鱼类、磷虾以及其他可以过滤下来的动物，所以它们并不需要牙齿

齿鲸

抹香鲸

齿鲸吃鱼、乌贼及其他动物，用牙齿撕扯和咀嚼

虎鲸

白鲸

鳍足类（包括海豹、海狮和海象）

    正如其名，鳍足类的这些食肉动物用鳍肢在陆地和海里活动。它们大部分时间在海里游泳和捕食，只在哺育幼崽、休息和换毛的时候才会爬上陆地或浮冰。

海狮

海象

海豹

海牛类（包括海牛和儒艮）

    与鲸类一样，海牛类一生都生活在水里。它们是唯一的草食性海洋哺乳动物。有人认为美人鱼，也就是希腊神话中诱惑水手到海里的美女，其实就是儒艮，并非传说中的半人半鱼生物。

海牛

儒艮

海洋裂脚类（包括北极熊和海獭）

    海洋裂脚类也被归入海洋哺乳动物，但它们大部分时间生活在陆地上，只有捕食的时候才下水。

海獭

北极熊

海洋哺乳动物能到达的
最大深度

0~200 米

39 米
儒艮
Dugong dugon

50 米
北极熊
Ursus maritimus

90 米
智利毛皮海狮
Arctocephalus philippii

200~1000 米

200 米
里海环斑海豹
Pusa caspica

204 米
非洲毛皮海狮
Arctocephalus pusillus

208 米
幅北毛皮海狮
Arctocephalus tropic

256 米
北海狗
Callorhinus ursinus

264 米
虎鲸
Orcinus orca

274 米
新澳毛皮海狮
Arctocephalus forste

海洋上层（光合作用带）

100 米
海獭
Enhydra lutris

115 米
加拉帕戈斯群岛海狮
Arctocephalus galapagoensis

123 米
地中海僧海豹
Monachus monachus

170 米
南美毛皮海狮
Arctocephalus australis

海洋中层（暮色带）

240 米
南极毛皮海狮
Arctocephalus gazella

243 米
南海狮
Otaria flavescens

250 米
澳大利亚海狮
Neophoca cinerea

300 米
斑海豹
Phoca largha

304 米
豹形海豹
Hydrurga leptonyx

324 米
贝加尔海豹
Pusa sibirica

390 米
宽吻海豚
Tursiops truncatus

436 米
灰海豹
Halichoerus grypus

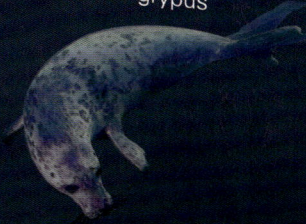

452 米
北海狮
Eumetopias jubatus

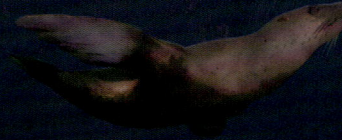

480 米
髭海豹
Erignathus barbatus

536 米
加利福尼亚海狮
Zalophus californianus

565 米
夏威夷僧海豹
Neomonachus
schauinslandi

600 米
带纹海豹
Histriophoca
fasciata

713 米
食蟹海豹
Lobodon carcinophagu

647 米
白鲸
Delphinapterus leucas

1016 米
冠海豹
Cystophora cristata

1019 米
短肢领航鲸
Globicephala macrorhynchus

1408 米
柏氏中喙鲸
Mesoplodon densirostris

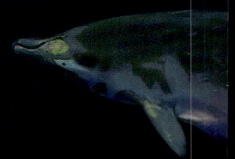

2035 米
抹香鲸
Physeter macrocephalu

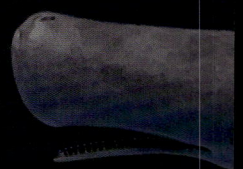

1777 米
贝氏喙鲸
Berardius bairdii

海洋中层（暮色带）

481 米
港海豹
Phoca vitulina

500 米
环斑海豹
Pusa hispida

500 米
海象
Odobenus rosmarus

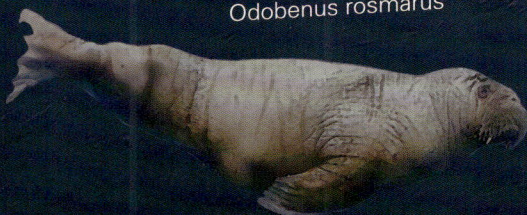

568 米
竖琴海豹
Pagophilus groenlandicus

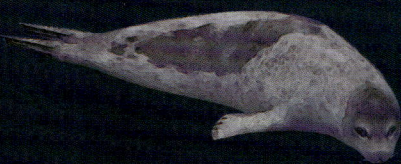

597 米
新西兰海狮
Phocarctos hookeri

600 米
韦德尔氏海豹
Leptonychotes
weddellii

792 米
罗斯海豹
Omnatophoca rossi

828 米
长肢领航鲸
Globicephala melas

海洋深层（午夜带）

1453 米
北瓶鼻鲸
Hyperoodon ampullatus

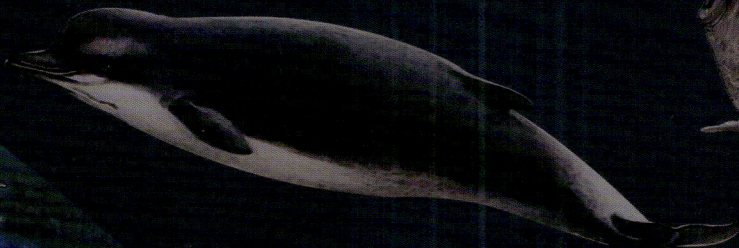

1735 米
北象海豹
Mirounga angustirostris

2388 米
南象海豹
Mirounga leonina

2992 米
柯氏喙鲸
Ziphius cavirostris

1979 年，在一部电影的制作过程中，布雷特·吉利姆与海豚一起工作

海洋专家布雷特·吉利姆专访

采访者：《亚洲潜水者》记者

　　大多数人先学会爬行，而后学会走路。但有一个人，是先学会游泳，而后才踏出人生第一步。他就是布雷特·吉利姆，他的职业——潜水员、企业家、作家、运动员、海洋专家，全都与水相关。

　　布雷特·吉利姆是个多面手，在近 50 年的职业生涯中，他的工作涉及专业潜水、水上运动、航运和船舶、水下电影、高压氧舱紧急医学治疗等多个领域。

　　他被认为是潜水行业的领军人物，1971 年以来，他引领着这个行业不断成长和发展。布雷

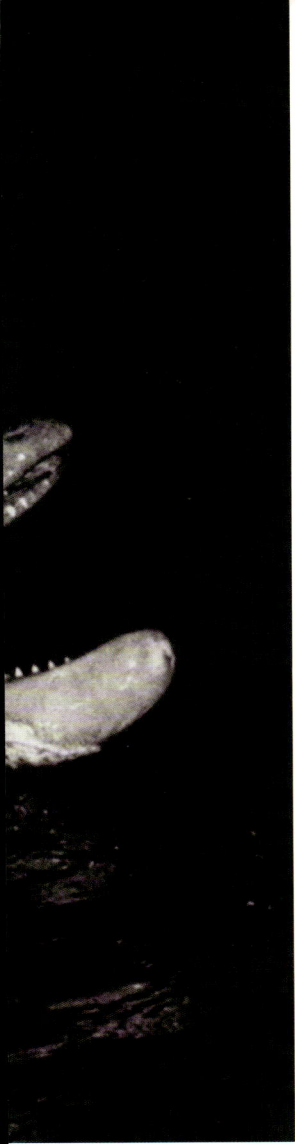

特·吉利姆是美国最有经验的深潜潜水员之一，1993 年创下了 149 米的水肺潜水纪录，至今无人超越。他自 1959 年起在全球各地潜水，有超过 19000 潜的潜水经验。他参与过科学考察、军事和商业项目，从事过与潜水相关的高压氧舱紧急医学治疗工作，以及船宿所用船只和游艇、潜水用品零售店和加勒比海度假村的运营工作。

自 1971 年起，布雷特·吉利姆先后创立并出售了 6 家公司，分别是 V.I. 潜水公司（V.I. Divers Ltd.）、国际海洋探索公司（Ocean Quest International）、AMF 游艇集团（AMF Yachting Group）、G2 出版公司（G2 Publishing Inc）、DiveSafe 潜水保险公司（DiveSafe Insurance）、国际培训公司（International Training Inc）。1997 年，作为副总裁和首席执行官，他把潜水设备制造公司（UWATEC）以 4400 万美元卖给了 JWC 公司。1999 年，他出售了自己的出版公司——这个出版公司出版杂志《水肺时代》（Scuba Timesand）和《深潜技术》（Deep Tech）。在潜水行业的成功经营让他成了千万富翁。现在，他是一

家名为"海洋技术"（Ocean Tech）的咨询公司的总裁。

布雷特·吉利姆写过 1500 多篇文章，作为作者和联合作者出版过 69 本书，这些书都与潜水、航运经营、潜水应急医疗程序、潜水培训和水下摄影相关。他在各个领域获奖无数。

布雷特·吉利姆目前定居在缅因州的一个岛上，但他经常穿梭于世界各地，去潜水、做航运生意和拍摄影片。在新英格兰，他有一艘量身定做的动力游艇，用于拍摄野生动物等。

2005 年，布雷特·吉利姆成立了潜水遗产基金会（Diving Legacy Foundation），该基金会致力于为保护海洋、开展潜水教育工作、奖励潜水领军人物以及实施发展中国家偏远地区的人道主义救援项目提供资金支持。

这次，《亚洲潜水者》有幸邀请到布雷特·吉利姆来分享他的独到见解和专业知识。访谈内容包括他的个人经历、从商经验、他对海洋现状的看法以及他正在进行或即将开始的项目。

记者：您提到过，您父亲的工作与海

2018 年，著名女演员瓦莱丽·泰勒与布雷特·吉利姆在拉贾安帕特群岛的潜水船上

布雷特·吉利姆获得 2012 年 NOGI 奖，并成为水下艺术及科学协会潜水名人堂的一员

彼得·希纳德 / 摄

莉娜·希契科克 / 摄

洋密切相关，您对海洋的热爱离不开他的言传身教。您觉得自己是天生爱海洋，还是在父亲的影响下逐渐爱上海洋的？

布雷特·吉利姆： 我也说不准，我开始浮潜、潜水和驾船的时候还小。我的父亲是海军高级官员，我是在美国海军军官学校出生的。我还没学会走路就会游泳了。在佛罗里达州，6岁的我自己跑去浮潜。1959年，父亲买了一艘25米长的动力游艇，命名为阿尔戈号（Argo），我们全家都搬到游艇上去住，起因是这次父亲被分配到了基韦斯特岛的海军基地工作。父亲讨厌每两年搬一次房子，或者每次调动都要搬家，因此有了干脆搬到游艇上的想法。全家人住游艇在当时是一件奇闻，但对我而言，这就是现实生活，而且我喜欢这种生活。

那一年，我们看了劳埃德·布里奇斯主演的《海宫猎奇》（*Sea Hunt*）第一季，它首次将水肺潜水带入了寻常百姓家。我看得上了瘾，而父亲竟然同意让我学潜水，于是我8岁就取得了潜水证书。在那个年代，有多少父母会这么做？

10岁的时候，我开始售卖自己抓到的热带鱼。我用网来抓，这样热带鱼就不会受伤。我的客户包括几家学校，连基韦斯特水族馆和迈阿密水族馆里也有我捕捞的热带鱼。因为年纪太小无法驾车，为了送货，我还聘请了一位年轻的海军官员负责驾驶。神奇的是，父亲竟然

鲍夫·科斯顿/摄

1971年在维尔京群岛，布雷特·吉利姆作为美国海军部队潜艇拍摄秘密行动的一员进行深潜试验，他采用氢氧混合气体下潜到水下160米处

布雷特·吉利姆先学会游泳后学会走路。这张照片摄于1953年，他才两岁，正在游泳池里练习游泳

1960年在基韦斯特岛，布雷特·吉利姆的父亲和他的两个儿子克里斯·吉利姆和布雷特·吉利姆在阿尔戈号游艇上

吉尔·吉利姆/摄

珍妮·吉利姆/摄

1994 年在巴哈马首都拿骚举办的国际技术潜水组织会议上，布雷特·吉利姆首次进行德雷格（Draeger）循环呼吸器的国际培训

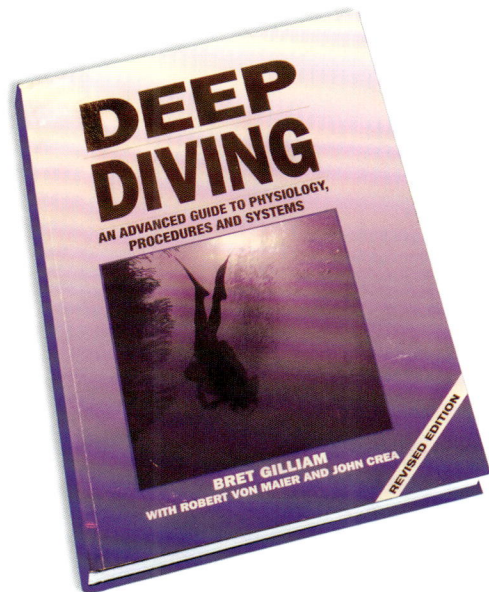

布雷特·吉利姆最畅销的书《深度潜水》被翻译成了 7 种语言，共售出 10 万余册

同意我独自驾船出海捕鱼，毫不担心。他耐心细致地教我如何开船。他就像我的人生导师，对我往后的事业道路有着意义深远的影响。有这样的潜水经验和航海经历，我想，我的事业朝这个方向发展，也就理所当然了。我显然不可能成为一名保险经纪人！

记者：您是在什么机缘之下接触了技术潜水，而后这么多年为什么决定在这个小众领域发展？

布雷特·吉利姆："技术潜水"这个词是在 20 世纪 80 年代末开始出现的，它是指深度较大的潜水、洞穴潜水、沉船潜水，或需要使用混合气体和专用设备（如循环呼吸器）以及需要执行特殊减压程序等的潜水。但我早在

1971 年就开始接触军事潜水、商业潜水、科研潜水和饱和潜水，也就是说，我在"技术潜水"这个词出现前就已完全沉浸在这个领域。很多和我有着类似背景的人走出了这个领域，开始培训运动潜水员，给他们讲授正确的知识，从而让他们更安全地潜水。

技术潜水的领军人物还有狄克·拉特考斯基、汤姆·芒特、比利·迪恩斯、谢克·埃克斯利、吉姆·波顿、罗布·帕默、拉马尔·希雷斯等。我与芒特和拉特考斯基创办了国际氮氧混合气及技术潜水员协会（IANTD），但在 1994 年我退出了。之后我创立了技术潜水员国际组织（TDI），这个组织成了全球最大的技术潜水

认证机构。

我认为这个商业模式可以发展，我非常支持在技术、装备设计和行业操作规范方面的创新。技术潜水领域也可以引进潜水电脑表，以提高效率和更好地保障安全。很多传统的技术潜水员拒绝使用潜水电脑表和高氧气体等，这主要是因为不了解这些新的技术产品的原理。

我出过几本技术潜水方面的书，书中深入浅出地讲解了潜水相关的知识、技术、程序等，即使没有医学或科学背景的读者也能读懂。

我在 1994 年出版的《深度潜水》（*Deep Diving*）是该领域的第一本出版物，它还成了畅销书。这本书有两个版本，被翻译成了 7 种语言，共售出 10 万余册。即使仍有人因不了解而批评书里提到的一些新事物，但它们后来都成

了行业主流。

记者：哇，您10岁就已经是个小小企业家了！可以再分享一下您赚取第一桶金的经历吗？是什么让您决定全心全意投入到这个生意里的？

布雷特·吉利姆：热带鱼生意仅仅是一个开始，规模很小，而且那时我还是个小孩子。成年以后，我参加过美国海军的一个实验潜水团队。1971年该工作结束后，我开始思考，运动潜水能否有不一样的商业模式，因此，我在美属维尔京群岛的圣克罗伊岛开办了V.I.潜水公司，经营范围包括零售、培训、水下摄影、航运。此外，我还安排范围甚广的潜水行程，这是其他业内竞争者不会提供的服务。公司发展很快，1976年总销售额第一次超过100万美元，其他运动潜水公司从未有过如此成绩。业绩继续增长，V.I.潜水公司成为加勒比海地区最成功的潜水公司。就这样，我在22岁成立的公司为其他业务的发展提供了充裕的资金，这些业务包括：提供包租服务的13艘豪华游艇的运营，国际海洋探索公司的运营，发行图书和期刊的出版公司的运营，培训机构的运营，潜水设备制造公司的运营，以及致力于小众、高端服务的潜水旅游公司的运营。其中，潜水旅游公司旨在为潜水者提供最好的潜水行程服务，可以让潜水者去全球各地潜水，比如去印度尼西亚、巴布亚新几内亚、所罗门群岛、密克罗尼西亚、斐济、汤加、锡尔弗浅滩、南北极潜水，还可以让潜水者乘坐潜艇下潜至水下914米。

2005年，我卖掉了最后一家公司，当时公司的总价值达8000万美元。生意就是这么一点点做大的。我的商业嗅觉不错，能够为客户提供最好的产品。我也有很棒的员工，他们与我的理念相同，能够为客户提供诚挚的服务。对我而言，这些都是常识。我拥有三代客户，已与他们合作几十年。我认为，只要认真对待客户，为他们提供满意的服务，让他们有完美的经历，他们便会一直光顾。

记者：国际海洋探索公司是全球最大的潜水公司，这个公司的业务是如何开始的？

布雷特·吉利姆：最初是几个投资者邀请我作为顾问，针对如何经营航运和潜水船公司、如何设计行程、如何挑选和安排船员等细节给他们提出建议。他们刚刚创办了一家公司，想开展比较小众的潜水领域的业务。我不得不坦白指出，他们的初步设想存在很多问题。他们原计划想用的潜水船太小，码头也不太便利，等等。出乎我意料的是，他们不但听取了我的建议，还邀我入股成为合伙人。我成了公司的经营决策者，同时也是船长和CEO。

我们收购了挪威邮轮公司的"追逐日光I号"（Sunward I），并给它起了一个新名字——"海洋之灵"（Ocean Spirit）。这艘邮轮当时在波斯湾航行，虽然外观看起来状况不佳，但机器设备状态极佳，基础设施也不错。

我们把邮轮送去新加坡进行彻底翻新，增加了客房，重新装

1976年，布雷特·吉利姆与员工在圣克罗伊岛的V.I.潜水公司。当时V.I.潜水公司已发展成为加勒比海东部最大的潜水公司

1989 年，航行在伯利兹海岸的国际海洋探索公司的"海洋之灵"邮轮

戴夫·科斯顿 摄

饰了内部空间，增设了 10 艘柴油潜水船和一个标准大小的高压氧舱。航线也改为从新奥尔良出发，前往墨西哥的科苏梅尔岛、伯利兹的离岸环礁以及洪都拉斯海湾群岛中的罗阿坦岛和瓜纳哈岛。我们 1988 年开始经营的时候，这条航线是非常棒的潜水航线。

这艘邮轮全长 152 米，排水量 1.8 万吨，有 10 层楼高。潜水者登船后简直无法相信有这么大的空间，要知道，当年他们以船宿方式出行时，只能睡窄小的上下铺，唯一的公共空间是一个迷你客厅。而我们这艘邮轮有 5 家餐厅，有 3 间提供现场表演的夜总会，电影院放映着院线同步的好莱坞电影，还有温泉、赌场、健身房和 4.5 米深的泳池各一个。

我们收购了挪威邮轮公司的'追逐日光 I 号'，并给它起了一个新名字——'海洋之灵'。

它是当时全世界最大的船宿邮轮，每年接待的潜水者的潜水总次数达 8 万次。

除了常规航线，我们也安排包船的定制路线，并开展一些项目合作。1989 年在墨西哥坎昆举行的环球小姐大赛的参赛者就住在我们的船上。当时举办方想让所有参赛者在一起，但又不喜欢当地的酒店，所以就租了这艘邮轮。我们也非常喜欢这样的安排，选美小姐都很有趣。

这艘邮轮也出现在很多电影

1989 年，身为船长的布雷特·吉利姆在"海洋之灵"邮轮上的工作照

布雷特·吉利姆（右一）和员工在 DEMA 潜水展上向同行介绍国际海洋探索公司

和纪录片中，包括喜剧演员亚当·桑德勒主演的第一部电影《下水》（*Going Overboard*）。演员比利·鲍伯·松顿和瓦尔·基尔默早期主演的电影也是在这艘邮轮上拍摄的。邮轮上的生活丰富多彩，给我们留下了很多美好的回忆。

我们的潜水工作人员非常专业。我们按照潜水者的经验等级和兴趣，将他们分配到不同的潜水船上。我们为潜水者提供早期版本的潜水电脑表，并教他们如何使用。我们可以带领潜水者进行深潜、洞穴潜水、观鲨潜水。我们有最新的水下摄影设备并提供相关培训。我们的邮轮上还有豪华客舱，这是其他潜水船从来没有过的。

邮轮平均载客量为 400 人。此外，邮轮上有 228 名船员，其中包括潜水工作人员。我们的客户对我们的服务非常满意，很多潜水者一年多次参加我们的行程，因为我们提供独家航线，潜水者只需来到新奥尔良，便可加入潜水行程。

国际海洋探索公司一直是全球最大的潜水公司，每年接待的潜水者的潜水总次数达 8 万次，这在当时的潜水行业中是难以想象的规模。1990 年 9 月，我们把公司卖给了海洋遁逸邮轮公司（Sea Escape Cruise Lines）。在经营公司的过程中，我的想法是经过深思熟虑的，也取得了不错的效

邮轮平均载客量为 400 人。此外，邮轮上有 228 名船员，其中包括潜水工作人员。

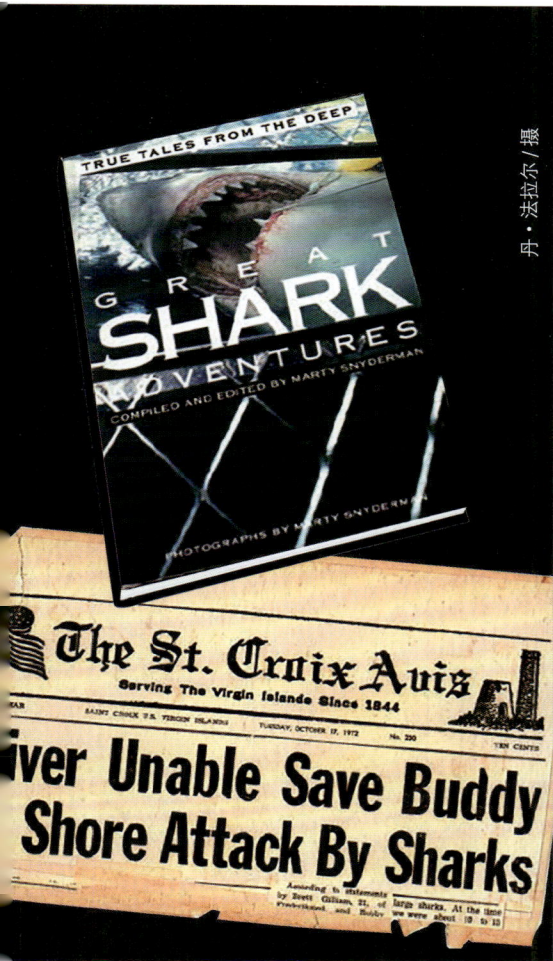

丹·法拉尔/摄

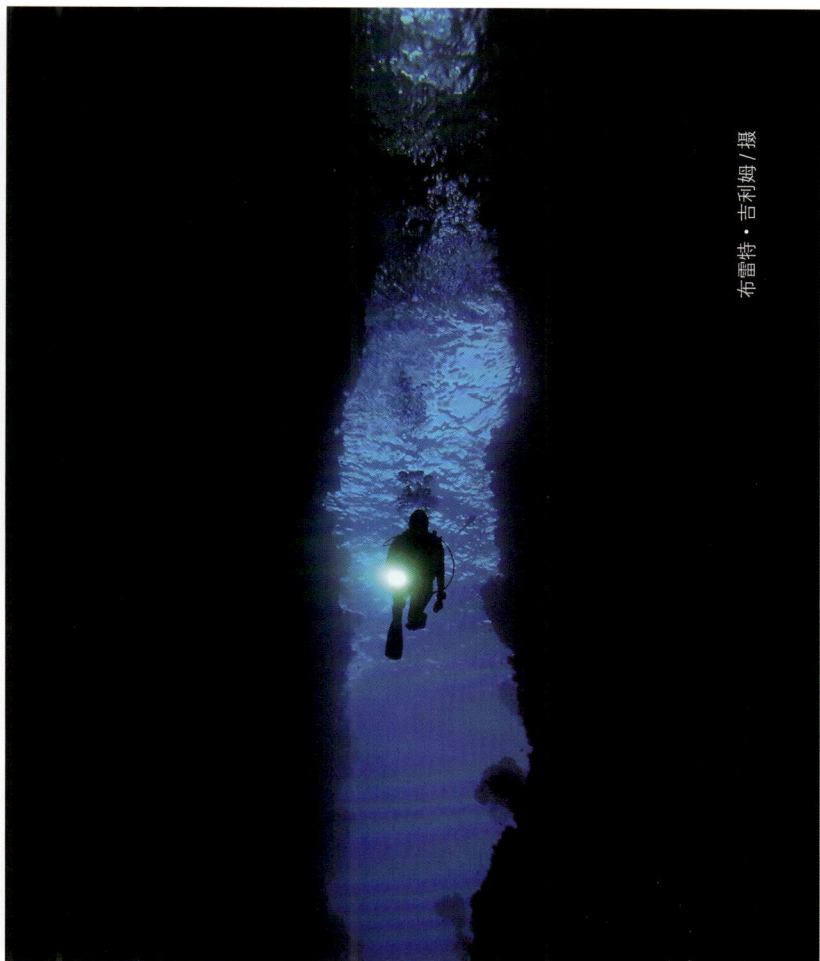

布雷特·吉利姆/摄

布雷特·吉利姆被鲨鱼袭击后生还的事件被写成了一本书，还登上了 1972 年 10 月 17 日当地报纸的头条

所罗门群岛的洞穴入口

果。这是一次很特别的经历，我乐在其中。

记者： 在您多年的潜水生涯中，据说您也经历过生死关头，能分享一下您最难忘的一次经历吗？

布雷特·吉利姆： 最惊险的一次要数 1972 年被两条远洋白鳍鲨攻击。当时我们正在进行一个科研项目，在圣克罗伊岛北岸的凯恩湾潜水，两条鲨鱼攻击了项目组中的一位潜水员，把他拖下了峭壁。我去救他，试图赶走鲨鱼，但我们被拖到了水下 114 米甚至

可能更深的地方。最后他死了，被鲨鱼拖入了深海。我因为气瓶里的气体耗尽，必须紧急升水。升水后我被送到波多黎各，在那里接受了减压病的治疗。

事后回想起来，我能活下来，简直是个奇迹。至今，114 米这个深度仍然是紧急升水并生还的最深纪录。这一事件后来多次被写进书里，BBC 的纪录片中也有报道。失去好友对我的打击很大。我一点儿也不后悔舍命相救，这是本能反应。我感觉他在看着我，让我更努力地活下来。他的尸体

一直没找到。

记者： 众所周知，海洋环境在过去 50 年间发生了很大变化，尤其是气候发生了明显变化，污染也越来越严重了。您一定目睹了这些变化并深有体会，请分享一下这些变化对您的潜水生涯和潜水热情的影响。

布雷特·吉利姆： 我潜水 60 多年了，曾经，佛罗里达州、巴哈马和加勒比海地区的珊瑚礁非常原生态，健康状况极佳。可惜的是，20 世纪 90 年代初它们开始恶化。于是，在接下来的近 30 年

印度尼西亚班塔岛的水下世界

所罗门群岛的水下峭壁

里，我转而探索印度洋-太平洋地区，我非常喜欢这里。

但我也目睹了生物多样性下降以及珊瑚和鱼类生存条件恶化的情形。2018年，时隔两年我再次来到印度尼西亚的四王岛，发现那里的珊瑚和海洋生物减少了将近70%，我感到很震惊。此外，让我忧心忡忡的是，海洋里的塑料污染触目惊心。在有些潜点，我们竟然需要穿过水面的塑料垃圾才能下潜到海底，这太令人沮丧了。但我也找不到一个行之有效的解决办法。

无论叫它"气候变化"还是"全球变暖"，现实就是近30年来海水温度大幅上升，给珊瑚和海洋生物造成了严重威胁。另一方面，越来越严重的污染更是雪上加霜。对于恢复海洋原貌，我并不持乐观态度。我觉得自己真的很幸运，能够在海洋最美的时候潜入海底，并把这一切拍摄下来。过去的美好不会重现了。我现在依然潜水，但体验远不及以前。我在此呼吁潜水者们：趁着还有机

所罗门群岛的玛丽岛附近的杰克鱼风暴

我在此呼吁潜水者们：趁着还有机会欣赏到海底世界的美，赶紧来潜水吧，因为好景不常在。

会欣赏到海底世界的美，赶紧来潜水吧，因为好景不常在。

记者： 作为拥有60多年经验的现代潜水运动的开创者，您能给新加入潜水圈的伙伴们一些建议吗？

布雷特·吉利姆： 认真学习潜水技巧，多练习，成为一个独立的潜水员。开放水域潜水员课程只是入门。你需要不断地潜水，跟随可靠的教练学习潜水技巧，尝试在不同水况和不同深度下潜水，试穿不同的装备。对新手而言，你也许觉得学潜水的地方已经足够有趣，但你应试着跳出舒适区，去全球数一数二的潜水胜地体验一番，因为美景不会一直都在。我喜欢参加高端船宿行程去探索印度尼西亚和所罗门群岛。行动起来吧！毕竟，时间不等人。

记者：您的顾问工作涉及船舶建造和运营、潜水和海事法律案件，同时您也潜水，并给多本杂志供稿和供图。您最近在做什么项目呢？

布雷特·吉利姆：我刚刚参与完成了一艘豪华潜水船的设计和建造，这艘船全长115米，船主来自迪拜。这艘船将会进行环球航行，途经全球最有意思的潜点，包括南北极地区的潜点。整个项目运作资金大概5亿美元，我非常喜欢这个项目。接下来有一个类似的合同，客户来自亚洲。

记者：最后一个问题！萝卜青菜，各有所爱，那么，您有没有特别喜欢的海洋生物？

布雷特·吉利姆：我十几岁就开始与鲸鱼一起潜水了，我觉得座头鲸特别让人

座头鲸甩尾，2017年摄于汤加

布雷特·吉利姆/摄

座头鲸母子，2017年摄于汤加

布雷特·吉利姆/摄

布雷特·吉利姆/摄

1994 年在锡尔弗浅滩，一位潜水者使用早期的循环呼吸器与一头雌性座头鲸同潜

我十几岁就开始与鲸鱼一起潜水了，我觉得座头鲸特别让人着迷。

着迷。它们是群居动物，爱好社交，看起来喜欢与人类互动。不过你得读懂它们的行为，知道如何融入它们。我在北大西洋、锡尔弗浅滩、汤加、美国的夏威夷州和阿拉斯加州还有其他不为人知的地方拍到过座头鲸，那是非常特别的经历。能与它们成为朋友是我的幸运。

DAN 一直在你身边

比尔·齐菲勒（DAN 总裁兼首席运营官）/ 文

随着世界上部分地区逐渐开放边境，人们逐渐适应了"新常态"模式。在这样的情形下，我们想再次强调：DAN 一直在你身边。尽管许多人以为现在没人潜水，但数据显示恰恰相反。DAN 紧急热线依旧全天候运作，并尽全力提供挽救生命的服务。自新冠肺炎疫情发生以来，我们的医疗服务团队接到了大量与新冠病毒有关的健康、医疗和潜水安全方面的咨询，我们的医疗信息专员一如既往地做出了解答。此外，我们将确保我们的会员始终获得相同水平的服务与支持。当你需要时，我们一直在你身边。

与潜水者相关的最新信息

我们将持续发布安全指南及建议，帮助潜水者及潜水行业平安度过这个特殊时期。我们的团队正在做最擅长的事情：率先掌握健康和安全方面的知识，以便为潜水者提供保证自身安全的信息。

DAN 致力于安全地走向未来

随着人类对新冠病毒的了解不断深入，我们一直在研究、分析并评估其对潜水的影响。DAN 的研究、医疗及风险管理团队一直在勤奋工作，致力于为潜水者提供科学的建议，以便他们健康且安全地潜水。

➕ 如何联系 DAN

咨询热线
+61 3 9886 9166（澳大利亚东部标准时间周一至周五 9：00~17：00）

获取医疗信息（非紧急）
电子邮箱：Medic@DAN.org

DAN 紧急热线（全年全天候）
+1(919)684 9111（澳大利亚境外）
1800 088 200（澳大利亚境内）

明智的选择

用实际行动支持潜水行业：不取消，只改期

2020 年发生的新冠肺炎疫情为旅游业带来了巨大冲击。航空公司和酒店等面临着生存考验，有些已经倒闭。在潜水行业内，潜水度假村和船宿公司也陷入了经营困境。

潜水行业的从业者很多都是潜水爱好者，并无大量的现金储备。他们凭借智慧和汗水创立了潜水公司，但这并不意味着他们能承受突如其来的打击。

尽管我们无法凭一己之力解决旅游业面临的问题，但我们能做一些简单的事，为在全世界潜水行业工作的人们带来一些希望。如果你预订了未来几个月内的潜水行程而不确定能否成行，请不要取消，可以考虑改期。

你可以改到明年的同一时间或是 6 个月后再去潜水，或许那时候的旅行限制将减少甚至取消。改期非常容易，并且能让你有盼头，等待再次探险之时的到来，期待一次绝佳的潜水体验。

潜水公司、潜水度假村和船宿公司需要你的支持，只有这样，当你能再次潜水时他们才能为你服务。将你的行程改期就是你能提供的最有力的支持。

高海拔潜水

DAN 医疗信息专员和研究人员为你解答潜水医学问题

一位潜水者欣赏着奥地利翠湖（Grüner See）的海洋生物和高山风景

问：我住在内陆的一个海拔为 548 米的湖泊附近，我在这里潜水的话有什么特别的注意事项吗？我是否已适应这一海拔而无须做特别的准备？

答：很多潜点位于内陆湖泊及河流中，有些潜点海拔较高，因此利用潜水计划表和潜水电脑表制订潜水计划时，我们需要考虑两个因素：一是它们的算法是基于海平面的（海平面上的压强等于 1 个标准大气压），二是它们的数据是按海水环境而非淡水环境计算的。当你在海拔 548 米的水域中潜水时，水面压力低于 1 个标准大气压。标准潜水计划表适用于特定海拔范围，通常为海拔 305 米及以下。很多潜水计划表可将所选潜水计划转化为高海拔潜水，有些潜水计划表则专为在高海拔地区使用而设计。

记住，当你从低海拔处上升至高海拔处潜水时，你可能需要将你的第一次潜水视为重复潜水。有些潜水电脑表有压力感应器，当你在潜点打开时它会测试压力，它的缺点是只能感应你所处地点的压力。如果你的潜水电脑表没有压力感应器，你可能需要手动修改海拔设定。你还需要根据潜水环境将潜水电脑表设定为海水或淡水模式。

所有潜水计划设备的设计都基于数学计算和理论知识。你应始终制订保守的潜水计划，待在潜水计划的极限范围内，并按规定执行安全停留。如果你要去高海拔地区潜水，请做好充足的准备并遵守潜水计划设备的规定，无论你是否生活在高海拔地区，是否适应了这个海拔高度。你的潜水计划表或潜水电脑表提供的操作指南有助于你更好地了解各项极限范围并制订合理的潜水计划，从而让你愉快而安全地潜水。

罗伯特·松奇尼
高级急救医士，潜水医学技士

问：我的臀部骨折了，3周前做了手术，在股骨颈部插入了固定钢板和螺钉。请问术后8周潜水安全吗？是否存在罹患减压病的风险？

答：你应当咨询当地的潜水医师，但我能为你提供一般的准则。在潜水行业，骨折后康复的标准是你的医生允许你完全不受限地活动，包括参加身体对抗性运动，之后再额外休养一段时间，休养时长为骨折正常康复时间的一半。额外休养旨在让你恢复在治疗和康复期间下降的体能和运动能力。举例说明，如潜水医师允许你在术后6周完全不受限地活动，你需要再额外休养3周，总共休养9周。这些数字仅为示例，你应当咨询潜水医师，以获得确切的答案。

此外，潜水时能否进行剧烈运动，能否向髋关节施压，髋关节是否有再次受伤、错位或其他风险，都需要与潜水医师沟通。

拉娜·P.索雷尔
工商管理硕士，急救医士，
潜水医学技士

问：2019年6月我被诊断患卵巢癌并接受了6次化疗，至2019年11月15日已再无癌变，但CT扫描显示我有肺栓塞，超声波检查显示我的左小腿和左上臂有深静脉血栓，左前臂有浅静脉血栓。我从2019年11月17日起一直在服用一种抗凝血剂。我何时才能安全地恢复潜水？

答：潜水医学专家将服用抗凝血剂列为潜水禁忌之一，你应该在结束抗凝血剂治疗后再考虑恢复潜水。当你和潜水医师均已理解并接受相关风险时，即可根据情况共同决定能否恢复潜水。

在服用抗凝血剂期间潜水存在一定风险，最大的风险是即便是耳气压伤或鼻窦气压伤等轻微创伤亦可导致严重出血。此外，如果罹患减压病，理论上还存在大脑或脊椎出血的风险。如果你决定恢复潜水，通常潜水医师会建议你制订非常保守的潜水计划来将风险最小化，并确保你能毫不困难地平衡耳压。

你需要重点考虑的是，在服用抗凝血剂期间潜水可能令你面临更高的出血风险，尤其是在偏远地区潜水时。因为一旦受伤将很难止血，而偏远地区的很多医院或诊所缺乏用于极端情况的止血产品。

你还应当与潜水医师讨论使用抗凝血剂的原因。即使你没有服用抗凝血剂，肺栓塞和血栓本身已影响你的健康，使你不能正常潜水。你需要了解深静脉血栓的形成原因、所在位置、能否清

老年病人术后髋关节X光片，可见股骨颈部骨折情况及固定髋关节的加压螺钉

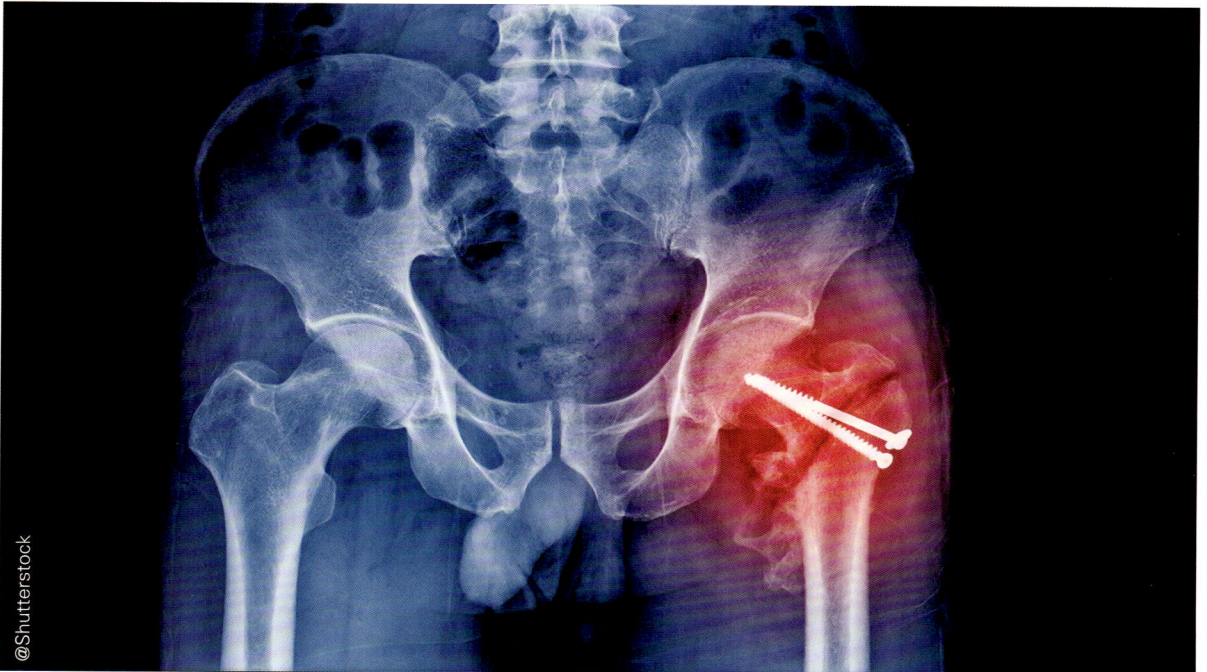

水肺潜水气瓶必须有年度目视检测标签

除及复发概率。如果你的深静脉血栓被清除，堵塞的风险降低或得到良好控制，并且你能做到定期检查，那么潜水医师可能会考虑让你恢复潜水。

斯蒂芬·弗林克／摄

特拉维斯·沃德
高级急救医士，潜水医学技士

问：在一次为期一个月的船宿行程的第一周后，我注意到我的呼吸调节器一级头开口处布满了白色粉末。潜导怀疑这是来自气瓶的氧化铝，于是我们清理了呼吸调节器并更换了气瓶。但一周后又出现了同样的状况，我们不得不重复这一过程。隔天，我的声音变得沙哑，肺部开始疼痛。我怀疑这些症状与那些白色粉末有关，但同行的潜水员（他同时也是一位医生）认为我感冒了，不必担心。到家后，我的肺部仍然感觉疼痛，并且开始咳嗽，几乎无法说话。在服用消炎药后我的其他症状有所好转，但肺部的疼痛感加重。医生怀疑是哮喘并为我开了泼尼松（附带吸入器），至今我仍经常使用。我有哮喘病史，但20多年没有发作了。你认为那些白色粉末是氧化铝吗？它们对我的肺有多大危害？

答：你说的那些白色粉末极有可能是氧化铝，是铝气瓶内部腐蚀所致。可见的白色粉末大小约为50微米。多数呼吸调节器的一级头的进气滤芯孔径为5微米，可见的粉末因为太大而不能通过滤芯，因此附着在滤芯上。但任何小于5微米的颗粒均能通过滤芯进入呼吸调节器的二级头，从而进入你呼吸的气体中。你可能吸入了氧化铝的微细颗粒。

你可以打开呼吸调节器二级头查看是否有白色粉末。尽管我们的肉眼无法看到如此细微的颗粒，但当它们积累得足够多时或许可以看到。如果你的呼吸调节

器曾在很多气瓶上使用过，则无法判断哪个气瓶已被腐蚀。

专家们一致认为铝暴露是一个严重的问题。圣路易斯大学神经学及精神病学系的研究人员认为，铝可能会引起肝脏中毒并导致退行性疾病，其中包括阿尔茨海默病。

如果铝暴露是造成你目前呼吸系统病症的原因，除了停止暴露并针对呼吸问题进行治疗外，并无其他特殊疗法。不幸的是，打开气瓶进行检查是探测气瓶内是否有氧化铝的唯一途径。你可以通过使用自己的气瓶来避免铝暴露。水肺潜水所用的气瓶必须每年进行一次目视检测。在澳大利亚，所有的水肺潜水气瓶必须每12个月进行一次水压测试，但在其他地区有不同的规定。

谢里尔·谢伊
注册护士，认证高压氧舱技师

+ DAN 小贴士

如果你有与潜水相关的医学问题，请发邮件给我们 [Medic@DAN.org]，我们的团队将随时为你提供帮助。

潜水后的不确定情形

病例报告及建议

一位 53 岁的男性潜水者在南太平洋一家度假村潜水。他大约每天潜水 4 次，每次潜水均使用空气，且都维持在潜水电脑表规定的免减压极限内。第三天晚上，他在晚餐后半小时开始出现剧烈的腹痛，此时距离最后一次潜水结束已经快 3 个小时了。疼痛放射至他背部的右肩胛下方。他呕吐了数次，感觉很虚弱并需要有人帮助才能行走。他的朋友担心他可能患了严重的减压病，于是叫了出租车并陪他前往当地医院。

这位潜水者的情况及其最近的经历，都说明他可能患了减压病，多数医生也会做出这一诊断。此次的主治医生考虑到了这一点，但医生明白必须先排除其他疾病。在排除了心血管疾病后，血液检查及腹部超声影像显示潜水者的胆囊中有结石且已严重发炎。潜水者接受了腹腔镜外科手术并成功康复。

减压病的常见症状

关于减压病的文章通常会列出一大串症状，需要指出的是，这些文章中列出的任何症状都不是减压病的专属症状。以下是减压病常见的一些症状：

· 头痛；
· 头昏眼花及（或）眩晕；
· 恶心；
· 关节及（或）肌肉疼痛；
· 疲劳、倦怠及（或）全身无力。

可以看出，这些症状会出现在很多病症中，它们并非减压病特有的症状，这令减压病的诊断变得颇具挑战性。

药物的影响

一位 48 岁的女性潜水者使用 32% 的高氧完成了一次深度为 29 米、时长为 32 分钟的潜水。升水约 10 小时后，她开始出现大范围且剧烈的肌肉疼痛。她无法找到舒适的姿势，也无法得到缓解。她致电 DAN，并被送往当地医院。在讨论她的病史时，医生发现这位女士从 3 周前开始一直服用一种他汀类药物来控制胆固醇。肌肉痛是他汀类药物罕见的副作用，血液检查表明她的疼痛极有可能是药物引起的。但问诊的高压氧舱医师不能排除减压病的可能，并根据美国海军 6 号治疗表为该潜水者进行了高压氧舱治疗。高压氧舱治疗对该潜水者的症状没有任何效果，证实了肌肉疼痛可能是药物所致。

无论任何时候，只要你开始服药，无论是处方药还是非处方药，均应确保你了解其潜在的副作用。如本病例所示，有些药物的副作用与减压病的症状类似。药物还可能会影响机体的正常功能，无论是在陆地上还是水下。譬如，一般的晕船药都会有类似"可能会导致犯困"的声明。受过医学训练的潜水医师通常会建议你在开始服用新处方药后至少等待 30 天再潜水。这一原则同样适用于非处方药，也就是说，你也应在潜水前留出足够长的时间了解你所服用的非处方药的影响。

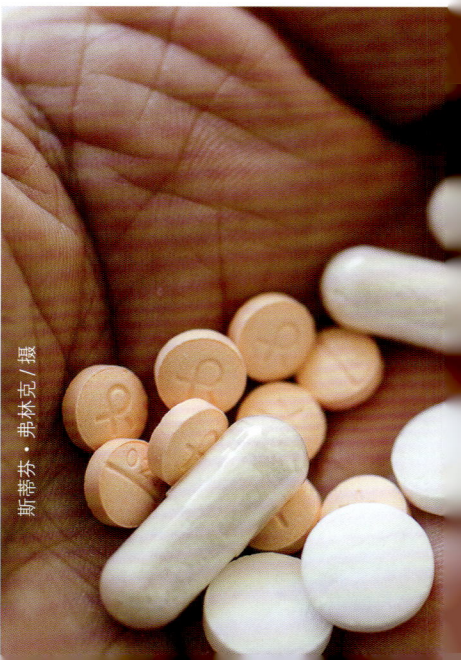

穿戴重装备爬梯子会导致疼痛、酸痛甚至麻痹及刺痛，这些症状可能会被误认为是减压病引起的

这样做除了可以让你在较深的地方潜水时避免失去方向感或发生其他危险，也有助于你区分药物的副作用与减压病的症状。

肌肉和骨骼系统病变引起的症状

减压病的诊断颇具挑战性，它是一种相对少见的疾病，与其他许多疾病及损伤有相同症状，无法用实验室检查来确认或排除。肌肉和骨骼系统有预先存在的问题（如脊椎问题、关节炎或创伤后遗症等）的潜水者，更容易面临诊断的不确定性。与潜水及旅行相关的身体压力及活动，譬如背负重装备、忍受不舒适的住宿条件或在颠簸的海上乘船等，都会使现有状况恶化。在潜水之外发生的过度劳累、扭伤、过度使用性损伤等相对容易诊断，但若涉及潜水，为了安全起见，医生可能会让病人进行昂贵而费时的高压氧舱治疗，以防万一。

肌肉和骨骼系统的问题，无论是否为预先存在的，可能会表现出疼痛、麻木、无力及（或）行动能力降低，所有这些都可能是减压病的症状。了解引发这些症状的原因的关键在于仔细评估潜水者的病史以及引发症状的环境因素。

DAN 医疗服务人员常接到在热带或亚热带地区旅行的潜水者来电，报告有严重头痛、多处关

潜水医师通常会建议你在开始服用新处方药后至少等待 30 天再潜水

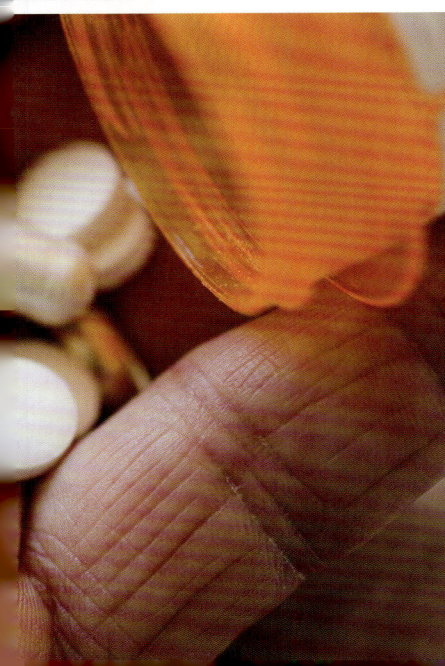

节或肌肉疼痛、腹部疼痛、恶心及全身不适的症状，这些症状通常发生在潜水后数日。若无其他额外信息，医生很容易认为这些症状是减压病所致。但进一步的询问常发现，病人还存在发热和拉肚子的情况，这表示病人更有可能患了某种热带疾病而非减压病。如果以上症状仅伴随发热，并无呕吐或拉肚子的情况，则表示病人患的可能是登革热或其他热带病毒病。出现这些症状的人需及时接受治疗，但并不需要转运至高压氧舱。

排除诊断法

减压病的诊断通常是一个排除其他原因的过程。紧要的是，不能因为病人曾潜水而忽略非潜水相关伤害的可能性。另一方面，我们也不能轻视减压病的风险：如果病人曾潜水，则减压病绝对需要包含在医生的鉴别诊断考虑中。

一位 46 岁的男性潜水者参加了为期一周的船宿潜水行程，他每天潜水 4~5 次，每次潜水均维持在潜水电脑表规定的免减压极限内。他在第三天的第一潜中潜至最深的地方——水下 30 米处。次日上午，他表示右肩不适。5 年前他的右肩曾接受过旋转肌群修复术。术后他已潜水 80 多次，没有出现任何问题，尽管在劳累或做一些特定的动作时，他的右肩出现不适感的情况并不少。发生这样的情况时，通常他都能找到舒适的姿势，冰敷并服用布洛芬来缓解。但这次的症状有些不同，且难以得到缓解。

这位潜水者的伙伴们认为他的症状源于之前的病史，因为他们都是一起潜水的，而其他人没有发

明确的：如果潜水者的肌肉和骨骼系统有预先存在的问题，可能会对诊断造成干扰。若你或你的潜伴有此类问题，需要注意的是你们彼此均应熟知对方的常态。你们应在潜水前就身体存在的疼痛、活动受限、虚弱或其他问题进行讨论，以便有一个清晰的认识。就潜水者的常态进行沟通是非常有价值的。任何不同于此前所经历的症状都需仔细评估，且这些症状本身并不能作为确切的诊断依据。存在此类问题的潜水者应定期接受详细的神经肌肉检查。这些事情都需要在潜水之前完成，因为潜水后若出现症状则没有时间去探究问题是否早已存在。

潜水期间不宜饮酒

一个由 30 多岁的潜水者组成

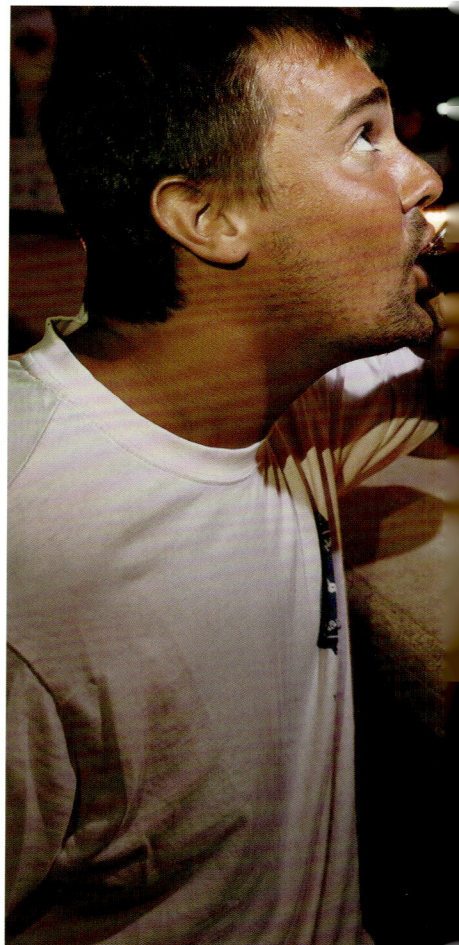

潜水后出现身体虚弱的情况并不少见，但极度虚弱可能是减压病的征兆

生任何问题。当潜水者向船上的工作人员报告了症状后，工作人员为他提供了高流量氧气。由于该潜水者此次的症状与他之前的典型症状有所区别，船长决定将船开往有潜水诊所的一座岛屿。

在呼吸了 30 分钟氧气后，潜水者说症状有所缓解但不是很明显。之后潜水者被送往岛上的诊所。值班医生发现他的右臂（优势臂）较左臂虚弱很多。医生诊断为减压病并根据美国海军 6 号治疗表对他进行了治疗，他的症状得到了极大的改善。由于症状并未全部消失，第二天医生又根据美国海军 5 号治疗表为他进行了短时治疗，并消除了所有症状。

之前有旧伤的潜水者罹患减压病的风险更大，这一观点尚存争议。尽管存在争议，有一点是的团队在加勒比海的一座小岛上潜水。他们第一天潜水4次，第一潜深度为26米，此后3次潜水深度均为18米以下，两潜之间的间隔大于1小时。他们每次潜水均使用空气，且均维持在潜水电脑表规定的免减压极限内。潜水的整个过程中未发生异常情况。

当晚，一行人外出就餐、饮酒。隔天早晨在登上潜水船前他们集合吃早餐，团队中一位33岁的男士缺席。他的室友说他正在淋浴，稍晚会到。饭后，室友及团队中的另两名队友一同前往查看，发现他躺在床上，脸色苍白。他表示头痛剧烈、恶心、虚弱且"浑身难受"。严重的头痛令他对光线敏感。他还称呕吐了一两次。队友们决定将他送往当地诊所诊治，因为他们担心他患了减压病。

他行走时有些不稳，但并不需要协助。

从度假村到诊所乘出租车5分钟。值班医生及其助手记录了该潜水者的生命体征并对他进行了神经学检查。医生还询问并记录了他发生症状之前做了哪些事。潜水者否认在晚间外出前有任何症状。他无法清晰记起晚餐后的事情，因为他喝了很多酒，朋友们也证实了这一点。医生给他开了静脉输液、退热净和美克洛嗪，同时叮嘱他未来24小时内不要潜水，如当天无好转就再回诊所就医。该潜水者当日休息并能够正常进食，到晚间他已大有好转。隔天早晨他感到已经完全恢复，就继续去潜水了，且安然无恙。

享受愉快的时光是假期的一部分，但在潜水期间不宜过量饮酒。潜水期间饮酒可能会导致罹患减压病，但更重要的是，饮酒的后遗症很容易与减压病的症状混淆，许多有类似情形的潜水者毫无必要地接受了高压氧舱治疗。

结论

减压病并没有特有的症状，但当潜水者在潜水后出现一些类似减压病的症状时，通常会被诊断为患有减压病。这并不全是坏事，因为这样可以鼓励潜水工作人员及时为出现症状的潜水者供氧并确保其及时接受医疗救护。但问题是，有些病人拒绝接受其他解释而坚持要求进行高压氧舱治疗，以至于延误了其他诊断及治疗。除此之外，不必要的高压

氧舱治疗，尤其当涉及深夜飞行时，还会为病人和空乘人员带来额外的风险。有许多疾病比减压病严重得多，及时治疗至关重要。

若潜水者潜水后出现症状，应及时为其供氧并将其送往最近的医疗机构，并拨打DAN紧急热线。告知医生潜水者的相关情况，请求医生联络DAN获得帮助。记住，有些疾病比减压病更严重，需要优先考虑。

斯蒂芬·弗林克/摄

饮酒要适度，宿醉会令你无法潜水，且饮酒后你可能会出现类似减压病的症状

接受急救继续教育培训

如果你尚未参加过心肺复苏及急救培训，或需要更新你的急救方法，你可以学习 DAN 的心肺复苏及急救课程。你需要先完成线上模块，之后仅需一个下午的时间就可以学完这门课。花几个小时来学习这门课程，你将获得挽救生命的技能。

接受急救继续教育培训与接受初次培训同等重要。以下是你应当接受继续教育培训的部分原因。

学无止境

健康科学在不断发展，急救方法亦是如此。譬如，有些人在急救课堂上学习了心前区重击法，但由于其他复苏方法在挽救生命方面更有效，医学专家多年前就已摒弃这一方法。

除心肺复苏外，在止血、治疗失温、注射肾上腺素、处理扭伤和骨折、应对中风和梗死等方面，专家会定期评审并修正急救方法。随着急救及医疗研究的发展，非专业急救员也能获得应对各种紧急状况的方法。

考虑到现代医疗技术发展迅速，专家建议每两年更新一次急救方法。接受急救继续教育培训还能从法律角度保护你自己：你会知道在自己的能力范围内能够做什么，并记住正确的急救技能。

用进废退

长时间不练习技能会退化，需要用到急救方法而不得法时就会付出很大的代价。研究发现，首次接受培训的人在完成课程后几周内技能就会生疏，若缺乏定期继续教育培训，一年内技能就会退化。

接受急救继续教育培训是快速而简单的投资，能够帮助你挽救生命，让你有备无患地应对真正的紧急状况。

花时间参加急救培训将会让你获得挽救生命的技能

斯蒂芬·弗林克/摄

DAN WORLD 潜水安全领域的领导者

经验至关重要

加入 DAN

+ 40 年的潜水者救护 / 救援经验
+ 全年全天候紧急医疗服务
+ 150000 次紧急电话处理
+ 2000000 名全球会员